AF139112

Für meine wunderbare Familie
(Nadine, Lena und Nina)

Andreas Lennartz

Mehr als Clean Code

Gedanken zur Softwareentwicklung

Bibliografische Information der Deutschen Nationalbibliothek:
Die Deutsche Nationalbibliothek verzeichnet diese Publikation in
der Deutschen Nationalbibliografie; detaillierte bibliografische Daten sind im Internet über http://dnb.dnb.de abrufbar.

3. überarbeitete Auflage (2018)
© 2014-2018 Andreas Lennartz, Berlin
www.andreas-lennartz.de

Texte, Zeichnungen, Layout: Andreas Lennartz, Berlin
Herstellung und Verlag: BoD – Books on Demand, Norderstedt

ISBN: 978-3-735-736-512

Inhaltsverzeichnis

Prolog

Jeden Tag wird irgendwo auf der Welt eine neue Anwendung programmiert, ein neues System produktiv gesetzt oder ein Fehler in einer bestehenden Software behoben. Die Entwicklung von Software ist etwas Alltägliches, doch genauso wie es nicht zweimal die gleiche Anwendung gibt, so unterschiedlich ist auch die Herangehensweise wie Software entwickelt wird. Dabei ist die Erwartung an eine fertig gestellte Software immer die gleiche: Sie soll möglichst alle an sie gestellten Anforderungen erfüllen, sich einfach bedienen lassen und dabei fehlerfrei funktionieren.

Doch um dieses Ziel zu erreichen, ist es eine Grundvoraussetzung, dass die Software "clean" entwickelt wurde. Clean heißt zum Beispiel, dass es eine kluge Architektur gibt, die es ermöglicht Fehler nachhaltig, dauerhaft und dabei schnell zu beheben. In den nachfolgenden 42 Abschnitten finden sich Konzepte, Prinzipien und Anleitungen wie solide Software entwickelt werden sollte. Für etwas Auflockerung sorgt dabei eine nicht immer ernst gemeinte Zeichnung, die die Materie auf etwas andere Weise veranschaulicht.

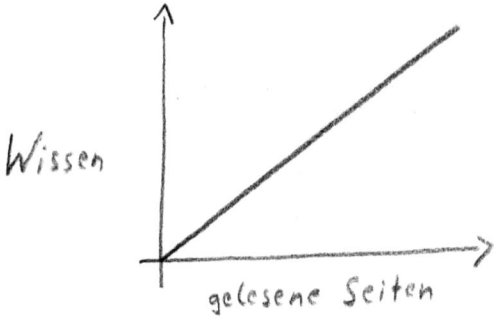

KISS – Keep it simple, stupid!

Das wohl bekannteste und nach wie vor wichtigste Prinzip in der Softwareentwicklung: KISS. Das Akronym wird gerne übersetzt mit "Keep it simple and stupid", "Keep it smart and simple" oder "Keep it sweet and simple". Alle Übersetzungen haben die Gemeinsamkeit, dass sie das Wort "simple" beinhalten.

Doch obwohl die meisten Entwickler dieses Prinzip bereits kennen, ist es gleichzeitig das Prinzip, das am meisten verletzt wird. Viele Systeme sind nicht smart und simple, sondern eher komplex und kompliziert. Dies liegt wohl daran, dass dieses Prinzip gerne vergessen wird. Deswegen sollte man sich mit der praktischen Umsetzung des KISS-Prinzips bei der Softwareentwicklung näher befassen.

Komplexe Probleme löst man am besten, indem man sie in kleine Einzelprobleme zerlegt, für die es alle einfache Lösungen gibt. Genauso entwickelt man Software, schreibt man Code, entwirft Datenstrukturen, gestaltet Oberflächen, entwirft Anwendungen...

Indem man jedes Teil des Gesamten in seine jeweiligen Einzelteile zergliedert, für das es jeweils eine einfache Umsetzung gibt. Am Ende müssen diese Einzelteile wieder zusammengefügt werden, nicht alles auf einmal, sondern Stück für Stück und das wiederum möglichst einfach. Das Resultat mag am Ende ein sehr komplexes Gesamtbild geben - jedes Teil für sich betrachtet ist aber "simple" genug, um leicht verstanden zu werden. So ist es möglich, dass jeder - ein gewisses Fachwissen vorausgesetzt - es verstehen kann.

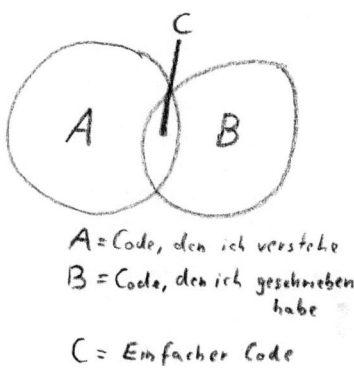

A = Code, den ich verstehe

B = Code, den ich geschrieben habe

C = Einfacher Code

Struktur

Struktur... wird gerne vergessen. Im Zeitalter von agilen Entwicklungsmethodiken und SCRUM wird gerne bei der Softwareentwicklung vergessen, dass es immer eine gewisse Ordnung geben muss: eine Struktur. Das bedeutet, dass es für alles eine Art Rahmen geben sollte. Erst die Struktur ermöglicht es, das zwangsläufig auftretende Chaos in der Softwareentwicklung beherrschbar zu machen. Natürlich gibt es auch hier Ausnahmen, aber auch diese Ausnahmen sollten strukturiert vorliegen.

So sollte man sich am Anfang eines Softwareprojekts über bestimmte Abläufe Gedanken machen. In welchen Rahmen finden Meetings statt? Wie sind die Hierarchien und Entscheidungswege? Wer hat welche Berechtigungen? Wann sollte man kommen, wann darf man von Zuhause arbeiten? Wer übernimmt welche Aufgaben?

Struktur heißt nicht, dass alles geregelt sein muss. Es bedeutet nur, dass bestimmte Entscheidungen von

Einzelnen besser getroffen werden können, da sie die Rahmenbedingungen kennen. Es bedeutet auch, dass man erkennt wo noch Strukturen fehlen - und man so eventuelle Probleme besser identifizieren kann. Wichtig dabei ist: Strukturen sind nicht in Stein gemeißelt - sie sind flexibel. Zwar sollte man davon absehen, sie zu häufig zu ändern, aber sie dürfen auch nicht starr sein und müssen sich den Gegebenheiten und Anforderungen anpassen.

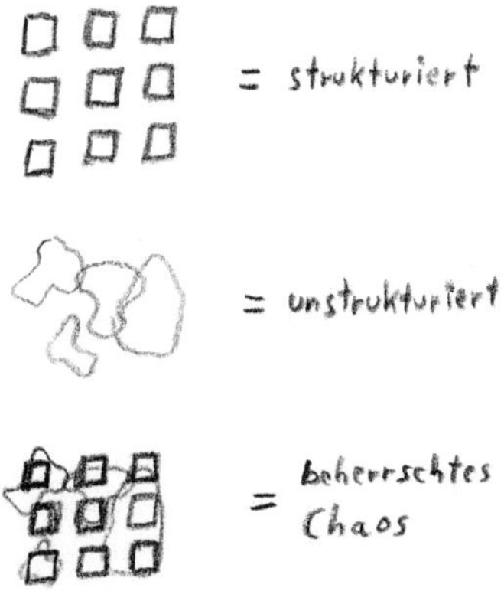

= strukturiert

= unstrukturiert

= beherrschtes
Chaos

Motivation

Die Entwicklung von Software ist ein Vorgang, der (noch*) ausschließlich durch Menschen mit bestimmten geistigen Fähigkeiten durchgeführt werden kann. Dieser Vorgang liefert ein Ergebnis - z.B. eine Anwendung - das man als Produkt bezeichnet. Betrachtet man den Zeitraum, um solch ein Produkt zu entwickeln,

---

* In der Zukunft kann es natürlich sein, dass Software durch Roboter oder intelligente Affen entwickelt wird.

kann man sagen, dass es so etwas wie Produktivität auch in der Softwareentwicklung gibt.

Aus der Betriebswirtschaftslehre (oder durch allgemeine Erfahrung) weiß man, dass Produktivität steigen oder sinken kann. Dabei können bestimmte Faktoren diese Produktivität beeinflussen. Leider ist es schwer, Produktivität in der Softwareentwicklung zu messen oder zu vergleichen: Es kommt nicht vor, dass eine Anwendung mit exakt den gleichen Funktionen zweimal entwickelt wird, noch gibt es Vergleichswerte was ein Mitarbeiter in einer bestimmten Zeit programmieren kann. Deswegen kann nur darüber gemutmaßt werden, wie man Produktivität in der Softwareentwicklung steigert.

Ein als sicher geltender Faktor für die Beeinflussung der Produktivität in der Softwareentwicklung ist die Motivation des Mitarbeiters. Nur ein hoch motivierter Mitarbeiter wird das Maximum an Produktivität liefern. Analog gilt: Wer nicht motiviert ist, der leistet wenig.

Natürlich hängt die Leistungsfähigkeit eines Mitarbeiters noch von anderen Bedingungen ab, wie z.B. die Qualifikation oder Erfahrung in bestimmten Fachgebieten. Selbst ein noch so motivierter Java-Entwickler wird sich mit seinem ersten Perl-Programm lange abmühen, bevor er etwas Nutzbares produziert. Aber geht man davon aus, dass das Basiswissen vorhanden ist und der Mitarbeiter grundsätzlich fähig ist seine Aufgabe in absehbarer Zeit zu beenden, so ist die Motivation ausschlaggebend für die Dauer. Ein motivierter Mitarbeiter kann und wird wesentlich mehr leisten als ein Mitarbeiter mit weniger Motivation - teilweise um ein Vielfaches.

Stellt sich die Frage wie man jemanden motiviert? Im Folgenden ein paar Beispiele zur Motivationssteigerung. Finanzielle Belohnungen als Motivation funktionieren nur begrenzt und sind deswegen bewusst nicht als Beispiel ausgewählt worden. Es wird zwischen externen (von außen beeinflussbaren) und intrinsischen (durch jeden selbst steuerbaren) Motivationsfaktoren unterschieden.

Von außen steuerbare Motivationsfaktoren wären:
- der Führungsstil
- die Teamkollegen und das soziale Miteinander
- die Ausstattung vom Arbeitsplatz und die räumliche Lage

Was jeden Einzelnen antreibt wäre:
- beim Entwickeln autonom und frei entscheiden zu können
- sein Fachwissen zu vertiefen
- einfach ein tolles Produkt zu entwerfen, das einem guten Zweck dient

Deswegen sollte man bei der Softwareentwicklung niemals die Motivation aller Beteiligten außer Acht lassen, sie kann die Dauer der Entwicklung entscheidend beeinflussen.

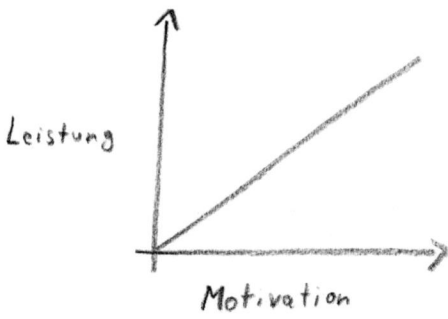

Bad Design

Betrachtet man eine Anwendung oder ein Modul einer Anwendung genauer, ist man schnell verleitet der Software ein schlechtes Design zu attestieren. Aber wann handelt es sich wirklich um ein schlechtes Design?

Ein schlechtes Design ist dann gegeben, wenn ein oder mehrere der folgenden Punkte erfüllt sind:

- Starrheit des Moduls: Änderungen sind schwer oder gar nicht möglich, da jede Modifikation zu viele andere Teile des Systems beeinflusst

- Zerbrechlichkeit des Moduls: Wenn man eine Änderung vornimmt, gehen unerwartete Teile des Systems kaputt

- Unbeweglichkeit des Moduls: Ein Teil des Systems ist nur schwer oder gar nicht in einem anderen Kontext wieder zu benutzen, da es zu eng mit dem gesamten System verzahnt ist.

Schlechtes Design bedeutet nicht unbedingt Handlungsbedarf. Ist ein System getestet und die Entwicklung abgeschlossen - das heißt, es gibt keine neuen Anforderungen mehr, das System läuft stabil und bestehende Fehler werden akzeptiert - so sollte nichts mehr verändert werden. Getreu dem Motto: "Never touch a running system!" Aber im Laufe des Lebenszyklus jeglicher Software kommt der Punkt, an dem man sie entweder weiterentwickelt oder entsorgt.

Entscheidet man sich für die Weiterentwicklung, ist der Zeitpunkt gekommen an dem man sich um das Design der Software Gedanken machen muss. Kommt man zu dem Ergebnis, dass es sich um ein schlechtes

Design handelt, sollte man aber keine voreiligen Schritte unternehmen. Zunächst sollten alle beteiligten Akteure zu der gleichen Ansicht kommen und überzeugt sein, dass eine Weiterentwicklung des Systems mit dem aktuellen (schlechten) Design nicht ohne weiteres möglich ist. Grundlegende Architektur- und Designänderungen werden von Teamkollegen und Entscheidungsträgern meist nur akzeptiert, wenn der Sinn und der Mehrwert dieser Änderungen erkannt werden. Die Grundlage dafür ist die gemeinsame Erkenntnis des "Bad design" eines Systems.

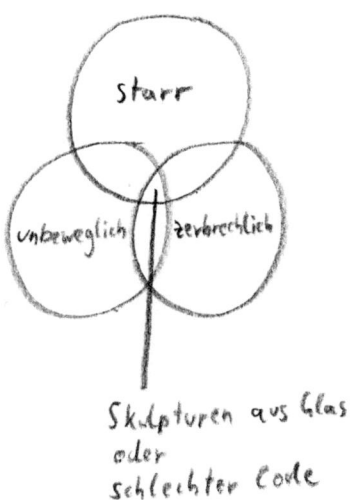

Fehlertoleranz

"Der Hauptunterschied zwischen etwas, was möglicherweise kaputtgehen könnte und etwas, was unmöglich kaputtgehen kann, besteht darin, dass sich bei allem, was unmöglich kaputtgehen kann, falls es doch kaputtgeht, normalerweise herausstellt, dass es unmöglich zerlegt oder repariert werden kann." *[Douglas Adams, Mostly Harmless]**

Es gibt keine fehlerfreie Software. Man wird auch nie eine fehlerfreie Software entwickeln können. Mit diesem Bewusstsein sollte man Anwendungen und Systeme planen. Bei der Architektur einer Anwendung sollte man gleich berücksichtigen, dass jederzeit jede Komponente fehlerhaft sein kann - und man sie reparieren können muss. Auch sollte man beim Festsetzen von Fertigstellungsterminen entsprechend lange Testphasen berücksichtigen.

Dass eine Software immer fehlerhaft ist, bedeutet aber nicht, dass man bei der Entwicklung sofort komplexe Fehlerbehandlungen implementieren muss. Besser ist es, sich bei der Umsetzung zunächst auf die Kernfunktionalitäten zu konzentrieren und die fachlichen oder wichtigen Anforderungen umzusetzen. Ab einem bestimmten Zeitpunkt sollte man einen "System freeze" planen, bei dem die Weiterentwicklung eingefroren ist und man sich ausschließlich auf die Fehlerbehebung und Fehlerbehandlung konzentriert. In dieser Phase wird die Anwendung auf Herz und Nieren getestet und geprüft - aber möglichst nicht von den Entwicklern selbst. So kommen zum Beispiel zukünftige Anwender oder qualifizierte Mitarbeiter aus anderen Abteilungen als Tester in Betracht. Insbesondere unzulässige Eingaben oder bereits fehlerhafte angelieferte Daten von fremden Systemen sollten nie zu einem Absturz oder Versagen der Anwendung führen, son-

---

*   englisches Originalzitat: "The major difference between a thing that might go wrong and a thing that cannot possibly go wrong is that when a thing that cannot possibly go wrong goes wrong it usually turns out to be impossible to get at and repair." [Douglas Adams, Mostly Harmless]

dern durch definierte Fehlerbehandlungsroutinen laufen und entsprechend verarbeitet werden. Da aber solche Fehlerbehandlungen beliebig umfangreich werden können, ist dabei die Wichtigkeit der Anwendung zu berücksichtigen. Handelt es sich z.B. um einen Produktivbetrieb und würde ein Ausfall wirtschaftlichen Schaden bedeuten, sollte sich direkt an die Implementierungsphase eine möglichst lange Test -und Fehlerbehebungsphase anschließen. Bei nicht so bedeutenden Anwendungen kann diese Testphase entsprechend kürzer sein, aber sollte niemals ganz entfallen.

Nichts ist trauriger als eine Anwendung, in die viel Zeit für die Entwicklung geflossen ist, die aber nachher nicht vernünftig funktioniert.

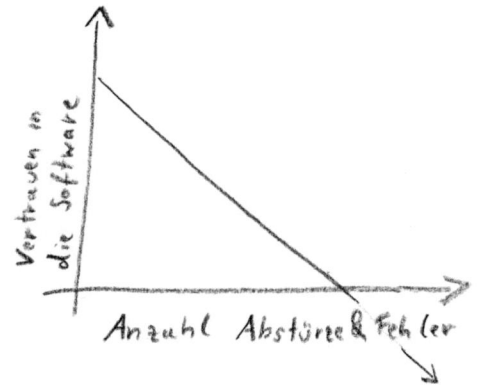

Broken-Window Effect

Der Broken-Window Effekt ist ein Sinnbild. Man stelle sich das Bild von einem kleinen Haus vor, außen mit einer hübschen Fassade und einem netten Vorgarten, innen sauber und aufgeräumt. Die Bewohner des

Hauses pflegen den Garten, Besucher achten darauf, dass kein Dreck hereingetragen wird, und falls doch etwas schmutzig wird oder kaputt geht, wird es umgehend wieder erneuert.

Doch irgendwann wird (aus nicht geklärter Ursache) eine Scheibe eingeworfen. Aus unbekanntem Grund* wird die Scheibe nicht repariert, sondern so gelassen. Auch die Glasscherben werden nicht weggeräumt. Im Winter wird es kalt und zugig, also wird versucht, mit Zeitungspapier das Fenster abzudichten. Da in dem Raum jetzt Glasscherben auf dem Boden liegen, wird das ganze Zimmer nicht mehr geputzt. Ein paar Besucher fangen an, beim Anblick der eingeworfenen Scheibe nicht mehr die Schuhe auszuziehen, aus Angst vor den Glasscherben – es wird mehr Dreck hereingetragen. Die Bewohner fangen an, sich an den zusätzlichen Dreck zu gewöhnen und putzen nicht mehr so oft wie früher.

Es gehen weitere Dinge im Haus kaputt, aber da es schon schmutzig ist und es auch langsam ungemütlich wird, werden Dinge nicht mehr repariert. Irgendwann wird eine zweite Scheibe eingeworfen, und der Verfall nimmt seinen Lauf... Nach ein paar Monaten ist das kleine Haus nicht mehr wiederzuerkennen: Alle Scheiben sind kaputt, die Fassade ist inzwischen mit Graffiti beschmiert, die Bewohner ertragen den Schmutz und es wird nur noch das Allernötigste gemacht. Besucher kommen schon lange nicht mehr, dafür ist das Haus zu verfallen.

Wie kann man dieses Bild auf die Softwareentwicklung übertragen? Ähnliches passiert auch in Softwareprojekten. Am Anfang gibt es eine "fertige" Lösung - mit einer soliden Architektur, getestet und seine

---

* Niemand fühlte sich verantwortlich - die Reparatur der Scheibe war ein PAL (Problem anderer Leute)

Aufgabe erfüllend. Es kommen andere Entwickler, die Änderungen und Verbesserungen vornehmen. Dabei wird eine Tabelle auf der Datenbank zu Testzwecken kopiert und dann entschieden, mit der Kopie weiterzuarbeiten. Die neue Tabelle wird mit dem Zusatz _COPY gekennzeichnet. Ein weiterer Entwickler befasst sich mit dem gleichen Teil der Anwendung, ist verwundert über die beiden Tabellennamen und fügt an die alte Tabelle den Zusatz _OLD an. Weitere Entwickler sehen, dass es anscheinend üblich ist, Tabellen nicht zu löschen, sondern bei Änderungen alte Stände irgendwie zu kennzeichnen. Die Anzahl an Tabellen wächst. Das Datenbankdesign wird immer undurchsichtiger, da es immer mehr alte, nicht benutzte Tabellen gibt. Nun fängt man auch im Code an, schludriger zu arbeiten. Veralteter oder nicht benutzter Code wird stehen gelassen, Namenskonventionen werden nicht mehr eingehalten, und Code wird öfters kopiert, anstatt ihn an zentraler Stelle zu halten und zu pflegen. So geht es weiter, und die gesamte Anwendung "verfällt". Nach einiger Zeit ähnelt die Software dem zerfallenen Haus, das keiner mehr besuchen möchte.

Principle of least Astonishment

Das Principle of Least Astonishment (Prinzip der kleinsten Überraschung) beschreibt wie Software und ihre Komponenten sich für alle Akteure verhalten muss. Jedes Teil einer Software sollte so funktionieren wie der Nutzer es erwartet - so dass man bei der Ausführung vom tatsächlichen Ergebnis am wenigsten überrascht ist. Dies fängt beim Verhalten einer Anwendung an und geht bis hin zu der Funktionsweise von Schnittstellen, Klassen oder Modulen.

Ein Beispiel für ersteres: Wenn ein Knopf in einer Anwendung mit "Speichern" beschriftet ist, wird vom Nutzer erwartet, dass beim Drücken des Knopfs bestimmte Eingaben gespeichert werden. Verlässt der Nutzer die Applikation und lädt die Daten erneut, erwartet er diese Eingaben wieder angezeigt zu bekommen. Nun kann es sein, dass eine hinter der Funktion Speichern versteckte Prüfung dafür sorgt, dass bestimmte Daten nicht persistiert werden. Beim Laden würde somit nur ein Teil der Daten wieder geladen werden. Der Nutzer wäre überrascht, da "Speichern" nicht so funktioniert wie er es erwartet hat. Dies ist ein Verstoß gegen das Prinzip der kleinsten Überraschung.

Auch bei der Definition von Schnittstellen gilt dieses Prinzip. Ein Beispiel: Die Benennung von einem Funktionsaufruf in einer Schnittstelle gibt anderen Entwicklern einen Hinweis auf die Auswirkungen der Funktion. Es wird erwartet, dass ein Name einer Funktion auch gleichzeitig die Funktionsweise beschreibt. So wünscht man sich von der Funktion

```
Multipliziere(int a, int b)
```

als Ergebnis die Multiplikation der übergebenen Werte a und b. Würde die Funktion nun aber bei der Übergabe von 4 und 5 nicht als Ergebnis 20, sondern 44444 zurückliefern, wäre man als Entwickler zunächst sehr

überrascht. Das Principle of Least Astonishment wäre
verletzt. Die Benennung der Funktion mit
`WiederholeZahl(int zahl, int anzahlWiederho-`
`lungen)`
wäre eindeutiger, da dies die Arbeitsweise der Funktion besser beschrieben hätte.

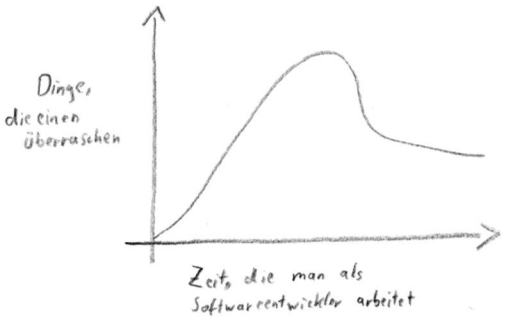

Don't be afraid to break it!

Wer kennt es nicht? Die Angst, etwas kaputt zu machen lässt einen davor zurückschrecken, es zu reparieren. Dieses Phänomen gibt es auch in der Softwareentwicklung: Da bei komplexen Systemen jede Änderung in einem Teil der Anwendung häufig auch Auswirkungen auf andere Teile hat, versuchen Entwickler Reparaturen nur durch minimalste Änderungen durchzuführen. Dies mag zunächst sinnvoll erscheinen, führt aber dazu, dass meist nicht der eigentliche Fehler selbst (die Ursache) behoben wird, sondern nur seine sichtbaren Auswirkungen (seine "Symptome"). Die Angst davor, im Extremfall die Anwendung oder Teile davon lahmzulegen, führt dazu, dass Reparaturen nur oberflächlich durchgeführt werden und man im Laufe der Zeit mit der gleichen Fehlerursache immer wieder zu kämpfen hat.

Sich diese Angst und das daraus resultierende Verhalten bewusst zu machen, kann helfen sich auf die eigentliche Ursache eines Problems zu konzentrieren und eine dauerhafte und nachhaltige Lösung zu entwickeln. Diese Lösung bedeutet dann zwar, einen Teil der Anwendung zunächst "kaputt" zu machen, was dann aber eine nachhaltigere Reparatur ermöglicht. Den höheren Aufwand für diese Reparatur kann man mit einer insgesamt stabileren Anwendung rechtfertigen, bei der auch die tatsächliche Ursache von Problemen behoben wurde und man langfristig keine Fehler mit der gleichen Fehlerquelle mehr beheben muss.

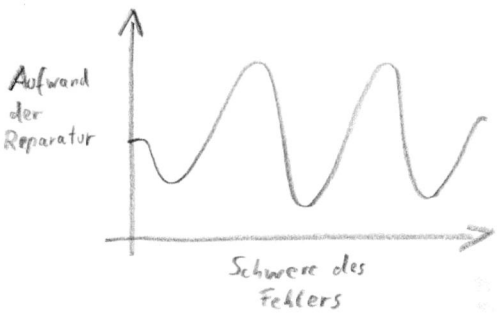

Boy scout rule

"Leave the campground cleaner than you found it!" - eine der bekanntesten Pfadfindertugenden ist es, den Zeltplatz in einem besseren Zustand zu verlassen als man ihn vorgefunden hat.

Dies kann man auch bei der Softwareentwicklung beherzigen. Jedes Design, das man verändert, jeden Code, den man anfasst, jede Änderung im System, die man vornimmt - all dies sollte ein System in einem besseren Zustand als vorher hinterlassen.

Dies bedeutet nicht, dass man unbedingt Änderungen vornehmen muss - aber sobald einem Dinge auffallen, die das System verbessern können, sollte man sie auch umsetzen. Dies muss nicht eine komplette Umstellung des zentralen Algorithmus eines Systems sein - meist reicht es schon, wenn man mal eine Variable sprechend umbenennt, die Formatierung des Codes verschönert oder Benennungen so ändert, dass die Lesbarkeit erhöht wird. Schon kleine Dinge reichen aus, um ein System zu verbessern. Falls eine vermeintliche Verbesserung doch zu einem Fehler führt: Inzwischen ist es üblich, mit Versionsverwaltungen zu arbeiten, und jede Änderung kann wieder rückgängig gemacht werden.* Steter Tropfen höhlt den Stein, und in der Softwareentwicklung sollte man immer bemüht sein, ein System konstant zu verbessern.

---

* Arbeitet man nicht mit einer Versionsverwaltung, ist jetzt der Zeitpunkt gekommen eine einzuführen.

You ain't gonna need it!

"Du wirst es nicht brauchen" - diese Aussage bezieht sich auf Funktionen und Features, die man implementiert ohne dass es eine konkrete Anforderung für sie gibt. Anforderungen sollten immer erst dann implementiert werden, wenn sie tatsächlich benötigt werden.

Schon beim Anlegen von Code oder Strukturen werden diese generischer als eigentlich benötigt. Sie beinhalten Funktionalitäten, die so nicht gefordert waren. Dies führt dazu, dass die Implementierung komplexer als nötig und damit auch komplizierter wird. In der Praxis stellt sich später heraus, dass die zusätzlich eingebauten Funktionalitäten nicht gebraucht oder anders implementiert werden.

Ein Beispiel: Beim Anlegen einer Datenstruktur erzeugt man mehr Felder als man eigentlich braucht. Die zusätzlichen Felder definiert man als Platzhalter für eine eventuelle spätere Verwendung. So will man vermeiden, dass man für neue Anforderungen das Datenmodell anpassen muss. Nach einiger Zeit wird man feststellen, dass man schon viele neue Anforderungen im Datenmodell umgesetzt hat, aber die Platzhalter immer noch leer sind. Die Platzhalter waren zwar sehr generisch angelegt, aber nie für die neuen Anforderungen geeignet gewesen.

Es ist einfach effizienter, sich bei der Umsetzung nur an die tatsächlichen Anforderungen zu halten und keine weiteren Funktionalitäten "auf Verdacht" zu implementieren. Dadurch erstellt man eine Anwendung, die keine unnötige Komplexität beinhaltet und doch alle Bedürfnisse erfüllt. Werden zu einem späteren Zeitpunkt neue Funktionalitäten gewünscht, so sollte man sich auch erst dann mit deren Implementierung auseinandersetzen. Deswegen gilt für Funktionen und

Anforderungen, die nicht gefordert waren, aber man schon vorher umgesetzt hat: "You ain't gonna need it".

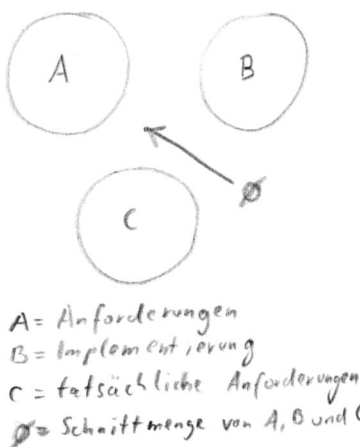

A = Anforderungen
B = Implementierung
C = tatsächliche Anforderungen
∅ = Schnittmenge von A, B und C

Clean Code

Clean Code ist ein Begriff aus der Softwareentwicklung und ist begründet durch die Arbeit von Robert C. Martin, auch bekannt als "Uncle Bob". In seinem Buch *"Clean Code: A Handbook of Agile Software Craftsmanship"* gibt er sehr konkrete Anleitungen und Vorgaben, wie man "sauberen" Code programmieren kann.

Die Grundannahme von Clean Code ist, dass man beim Entwickeln von Software einen sehr großen Teil seiner Zeit damit verbringt bereits geschriebenen Code (eigenen oder fremden) zu lesen und zu verstehen - wirklich sehr viel Zeit. Insofern ist es elementar, dass vorhandener Code lesbar und "sauber" programmiert ist - dies ist die Grundlage für ein effizientes Programmieren. Erst wenn Code clean ist, kann er von einem selbst oder anderen Entwicklern wesentlich schneller verstanden werden und man kann sich bei seiner Arbeit als Entwickler auf das Wesentliche konzentrieren: das Schreiben von neuem Code.

Die Grundlagen des Clean Codes sind dabei in alle Bereiche der Softwareentwicklung übertragbar. Es gilt: Eine Software ist erst dann solide entwickelt, wenn auch die dahinterliegende Programmierung gut ist - und dafür muss der Code clean sein.

Hier ein kleiner Auszug, was "clean" alles bedeuten kann:

- Eindeutige und sinnvolle Benennungen für alles (z.B. von Funktionen, Variablen, Tabellen, Objekten...)
- Kleine Funktionen, die immer nur **eine** Aufgabe erfüllen
- Trennen der unterschiedlichen Abstraktionsebenen
- Code lässt sich lesen "wie eine Zeitung"
- Klar verständliche Ablaufsteuerungen (Exceptions nur für Fehler, keine Übergabe oder Rückgabe von *null*-Werten)
- Klare Boundaries und Interfaces zu anderen Systemen
- Kleine Klassen, die nur eine Verantwortlichkeit haben
- Nebenläufigkeit und parallele Ausführungen möglichst vermeiden

Man kann an diesem kurzen Auszug schon die Richtung erkennen, in die es geht: Code muss verständlicher werden. Die Lesbarkeit von Code muss immer die höchste Priorität haben.

Häufig gibt es neue Anforderungen oder Optimierungen, die möglichst schnell umgesetzt werden sollen. Dies ist auch in Ordnung, solange der umgesetzte Code "clean" ist und somit die Prinzipien des Clean Code dabei gewahrt bleiben. Führen diese Änderungen aber zu unsauberem, also schlecht verständlichem Code, kommt in der Regel der Broken-Window-Effekt zum Tragen: Immer mehr unsauberer Code wird im Laufe der Zeit implementiert (mit der Anmerkung, der bestehende Code ist bereits "schmutzig", ein wenig mehr schlecht geschriebener Code fällt da nicht auf), und der Code wird immer unverständlicher. Dann kommt irgendwann der Punkt, an dem man größere Änderungen vornehmen will. Dazu muss bestehender Code geändert werden, doch um die Änderungen vornehmen zu können, muss man den Code zunächst (wieder) verstehen. Unsauberer Code ist aber nur schwer zu lesen - und so können schon kleine Änderungen große Aufwände verursachen, da man das bestehende Coding nicht mehr versteht und man mittels Try&Error eine Umsetzung versucht. Bei einer sauberen Implementierung hat man dieses Problem nicht - Code ist schnell zu verstehen, und neue Anforderungen können leicht umgesetzt werden.

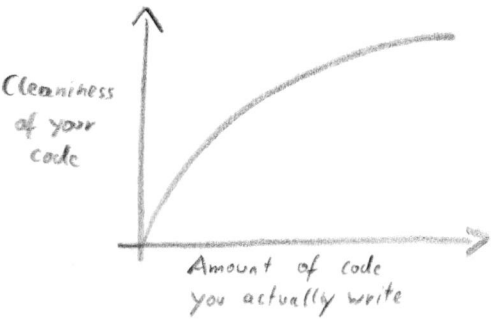

Gib den Dingen einen Namen

In der Softwareentwicklung wird man häufig mit komplexen Konzepten, umfangreichen Codings und aufwendigen Verfahren konfrontiert. Dabei gibt man diesen Dingen direkt oder indirekt einen Namen - direkt, weil ein Objekt nur mit einem Namen angelegt werden kann, oder indirekt, weil es einfacher ist über den Prozess *MachWas* zu reden, als ständig den kompletten Prozessablauf zu erläutern. Dabei wäre es naheliegend, bei der Benennung einen möglichst klaren, eindeutigen und sprechenden Namen auszuwählen.

Ist ein Name eindeutig, so kann die Absicht oder Funktion eines Objektes direkt am Namen identifiziert werden, ohne dass man noch zusätzliche Informationen braucht. Eine eindeutige Benennung hilft ungemein, auch komplizierte Konstrukte schnell zu verstehen, da Teile des Konstrukts sprechend benannt sind und somit mehr Aufschluss über das Gesamte geben.

Schon im Clean Code ist die eindeutige Benennung von Klassen, Methoden und Eigenschaften ungemein wichtig. Aber auch in der Softwareentwicklung sind sprechende Benennungen elementar - nur so lassen sich Konzepte klar bezeichnen und formulieren, fremde Codings einfacher verstehen und eigener Code bleibt so nach Jahren noch lesbar und verständlich.

Dass es nun an dieser Stelle einen eigenen Abschnitt zum Thema Benennungen gibt, lässt schon darauf schließen, dass diese einfache Grundregel in der Praxis oft nicht eingehalten wird. So werden Tabellen teilweise mit a, b und c benannt, Objekte mit schwammigen Namen gekürt oder Methoden mit nur dem Entwickler verständlichen Abkürzungen ausgeschmückt. Hinzu kommt die Unart, den Typ des Objekts mit in die Benennung einzubauen - so wird zum Beispiel an den Variablennamen eines Strings gerne `str_` vorangestellt. Was früher sinnvoll war, als es noch relativ rudimentäre Entwicklungsumgebungen gab, ist heutzutage sinnfrei - so kann z.b. durch das Halten des Mauszeigers auf einer beliebigen Variable der entsprechende Typ komfortabel angezeigt werden.*

Ein weiteres Beispiel ist die Benennung einer Funktion mit einem anfangs sprechenden Namen, doch aufgrund geänderter Anforderungen wird im Laufe der Zeit die komplette Funktion umgestellt, so dass diese ganz anders funktioniert. Dabei wird aber vergessen den Namen der Funktion entsprechend anzupassen. So kostet es dann sehr viel Zeit herauszufinden, dass eine Funktion mit dem Namen `Speicher-AlsDatei()` doch in Wahrheit die Daten in einer Datenbank speichert.

Die Liste an Beispielen von schlechten Benennungen ist sehr lang und kann beliebig fortgeführt werden, doch wird jeder selbst schon über die ein oder andere "missratene" Namensgebung gestolpert sein. Als Fazit kann man nur betonen wie elementar wichtig ein sprechender, verständlicher und eindeutiger Bezeichner in der Softwareentwicklung ist. So schlecht eine Software auch entwickelt ist, solange es darin sprechende und gute Benennungen gibt, wird es immer möglich sein sie zu verstehen und weiter zu entwickeln.

---

* Je nach Entwicklungsumgebung. Es soll auch noch Entwickler geben, die mit einem Texteditor wie Notepad programmieren - hier gelten sicher andere Maßstäbe.

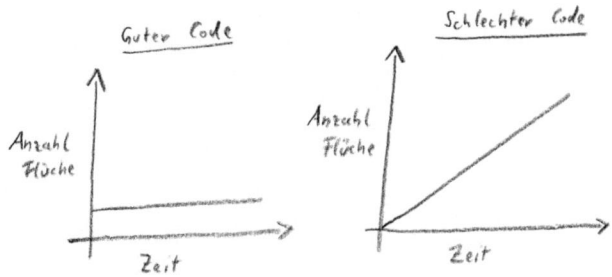

Ebenen der Abstraktion

Das Konstruieren von Softwaresystemen ähnelt dem Planen und Bauen von Städten. Man startet mit einfachen Grundlagen wie Wohnungen, Geschäften, Wasserleitungen, Elektrizität, Straßen... Je mehr Menschen in die Stadt ziehen, umso mehr würde sie wachsen. Aber wie würde man so eine Stadt planen? Könnte eine Person alles bis ins letzte Detail am Reißbrett zeichnen? Könnte diese Person nachher auch den Bau der Stadt durchführen? Was bei einem Haus noch vorstellbar ist, klappt so nicht mehr für eine ganze Stadt. Man muss die Arbeiten aufteilen: Es gibt Planer, die eine Vorstellung von dem großen Ganzen haben und Menschen, die dann die Umsetzung durchführen. Architekten für die Detailplanung, Baufirmen für die Ausführung, Experten für die Bauaufsicht...

So sollte man sich auch das "Bauen" von komplexen Softwaresystemen vorstellen: Man benötigt für die unterschiedlichen Aufgaben entsprechende Fachkräfte, die klar definierte Aufgaben haben und in der Lage sind, nicht in ihren Bereich fallende Aufgaben zu delegieren.

Die Tätigkeiten des Einzelnen finden dabei auf unterschiedlichen Ebenen der Abstraktion statt. So arbeitet ein Architekt, der eine grobe Vorstellung von der Funktionsweise des Systems hat, auf einer hohen Abstraktionsebene. Die konkrete Implementierung der einzelnen Module liegt auf einer niedrigeren Abstraktionsebene. Diese unterschiedlichen Abstraktionsebenen sollte jeder kennen und beachten. Man kann sie auch als Systemebenen bezeichnen - jeder ist nur für seine Systemebene verantwortlich.

Wie wichtig Ebenen der Abstraktion bei der Softwareentwicklung sind, zeigt sich auch im Clean Code. Im Clean Coding wird empfohlen, dass jede Funktion nur Anweisungen mit dem gleichen Abstraktionsgrad beinhaltet. So sollte z.B. die Funktion mit dem Namen SpeichereKonfiguration() aus Anweisungen wie z.B.:

```
LöscheBestehendeDatei()
ErstelleXML()
SpeichereXML()
```

bestehen. Ersetzt man jetzt z.B.

```
LöscheBestehendeDatei()
```

mit einem Code wie

```
if (File.Exists(path))
    File.Delete(path)
```

so hat man nun Anweisungen aus einer tieferen Abstraktionsebene hinzugefügt und kein "sauberes" Coding mehr.

Einheitliche Abstraktionsebenen:

```
SpeichereKonfiguration() {
    LöscheBestehendeDatei()
    ErstelleXML()
    SpeichereXML()
}
```

Vermischung von Abstraktionsebenen:

```
SpeichereKonfiguration() {
    if (File.Exists(Path))
        File.Delete(Path)
    ErstelleXML()
    SpeichereXML()
}
```

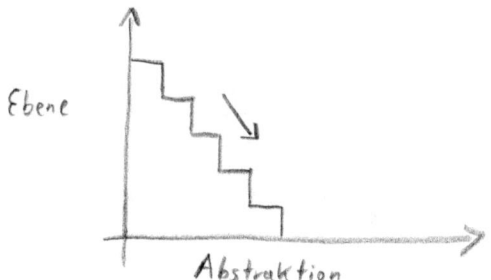

Too much information

Zu viel Information - gerne als Redewendung benutzt, in der man andeutet, dass man genug gehört hat und an den Einzelheiten nicht interessiert ist. In der Regel hört der Gegenüber dann auf, mit der Erzählung ins Detail zu gehen. Was in der menschlichen Kommunikation häufig funktioniert - nämlich dem Kommunikationspartner mitzuteilen, ab wann man genug Informationen hat und nichts mehr mitgeteilt bekommen möchte - ist in der Softwareentwicklung nicht immer möglich.

Dort erfolgt der Informationsaustausch einseitig: Man liest sich eine Schnittstellendefinition durch, sieht sich Datenstrukturen und Funktionsaufrufe an, betrachtet Code oder liest sich eine technische Dokumentation durch. Meist ist man dabei auf der Suche nach einer bestimmten Information, z.B. an welcher Stelle ein zusätzliches Datumsfeld eingefügt werden kann und wie man es dann weiterverarbeitet. Hat man Zugriff auf den kompletten Code und die darunterliegenden Systeme (Datenbanken, Dateistrukturen, etc.), so hat man theoretisch auch Zugriff auf alle Quellen, die man benötigt um sich die gewünschte Information zu besorgen. Leider kommt man aber sehr häufig zu einem anderen Ergebnis: Too much information. Die Menge an Informationen ist so erdrückend, dass es einer Suche nach der sprichwörtlichen Nadel im Heuhaufen gleicht.

Deswegen gilt als Grundsatz in einer soliden Softwareentwicklung, dass man die Menge an Informationen überschaubar hält und auf das Minimum reduziert. Insbesondere ein geschicktes Kapseln der Informationen auf verschiedenen Abstraktionsebenen und eine verständliche Strukturierung der Informationen helfen dabei. Ziel muss es sein, durch das Definieren von klugen Schnittstellen, einfachen Datenbeschreibungen und verständlichen Dokumenten das nach außen sichtbare so überschaubar zu halten, dass man später die wirklich notwendigen Informationen einfach und schnell finden kann.

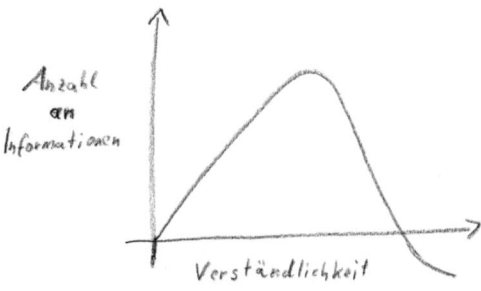

Don't repeat yourself

"Don't repeat yourself" ist eines der wichtigsten Grundprinzipien in der Softwareentwicklung. Die Aussage ist einfach: Einmal entwickelter Code (oder auch Funktionen, Logiken, Strukturen ...) soll wiederbenutzt werden. Duplikation von Code muss vermieden werden.

Code darf somit nicht per Copy&Paste an andere Stellen kopiert werden, sondern wird an einer Stelle abgelegt und von dort aus wiederbenutzt. Dies ist auch der große Vorteil des DRY-Prinzips: Die Ablage von Code an einer Stelle bedeutet auch die Ablage von Logik an einer Stelle. Jede weitere Änderung ist sofort für alle gültig, die diesen Code (wieder) benutzen.

Doch was bedeutet dies für die praktische Umsetzung? In der Regel einen höheren anfänglichen Implementierungsaufwand. Zunächst muss die Stelle identifiziert oder geschaffen werden, an der Code für alle zugreifbar abgelegt werden kann. Auch bleibt es nicht aus, dass man Funktionen oder Klassen generischer gestalten muss, damit eine Wiederbenutzbarkeit gewährleistet ist. Dazu muss man den ursprünglichen Code

meist leicht abwandeln, was zunächst Aufwand bedeutet. Hat man diesen anfänglichen Aufwand auf sich
genommen, wird man bei der weiteren Entwicklung
mit kürzeren Implementierungszeiten belohnt - Code,
den man wiederbenutzen kann, spart viel Zeit.

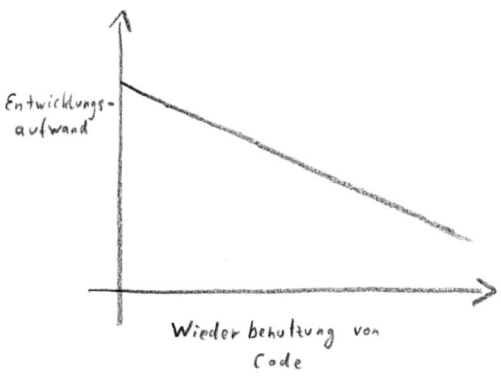

Kapselung

Um ein komplexes Problem in Code zu übersetzen,
muss man es so weit in seine Einzelteile zerlegen, so
dass nur einfach zu lösende Teilprobleme übrigblei-
ben. Diese Teilprobleme kann man wegen ihrer Ein-
fachheit dann auch relativ einfach codieren. Setzt man
nachher alle ausprogrammierten Einzelteile wieder zusammen, hat man ein System, welches das komplexe
Gesamtproblem abbildet.

Eines der wichtigsten Paradigmen bei der Umsetzung dieses Vorgehen ist die Kapselung. Kapselung
bedeutet, dass man bei der Programmierung die einzelnen Teile so weit von den anderen isoliert, dass jedes Teil für sich betrachtet bereits eine möglichst funk-

tionsfähige und eigenständige Implementierung darstellt. Dabei ist jedes Teil wenig oder bestenfalls gar nicht von anderen Teilen abhängig. Dies bedeutet bei der Programmierung, dass Code so konstruiert wird, dass er zur Erfüllung seiner Aufgabe mit den Informationen auskommt, die er zwingend braucht. Dabei beschreibt man über eine Schnittstelle die Daten, Nachrichten oder Ressourcen, die benötigt werden, damit der Code wie geplant funktioniert. Im Sinne der Kapselung sollte diese Schnittstelle dabei so minimalistisch wie möglich definiert sein.

Kapselung ist wichtig, damit die Wiederverwendbarkeit von Code und somit das DRY Prinzip ("Don't repeat yourself") zu einem späteren Zeitpunkt überhaupt erst anwendbar wird. Aber auch um Code nachvollziehbar und testbar zu machen, ist die Kapselung elementar.

SOLID

SOLID ist ein Akronym und steht für 5 Prinzipien, die ihre Herkunft in der objektorientierten Softwareentwicklung begründen. Diese Prinzipien sind nicht nur in der objektorientierten Entwicklung anwendbar, sondern auch allgemein auf die Softwareentwicklung übertragbar. Jeder Buchstabe in SOLID steht für ein Prinzip:

- S: Single responsibility principle
- O: Open/Close principle
- L: Liskov substitution principle
- I: Interface segration principle
- D: Dependency inversion principle

Im Folgenden werden diese Grundprinzipien vorgestellt.

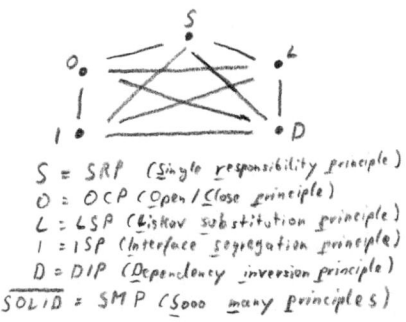

S = SRP (Single responsibility principle)
O = OCP (Open/Close principle)
L = LSP (Liskov substitution principle)
I = ISP (Interface segregation principle)
D = DIP (Dependency inversion principle)
SOLID = SMP (Sooo many principles)

Single responsibility principle

Das erste Prinzip aus SOLID steht dafür, dass bei der Programmierung von Klassen jede Klasse nur eine einzige Aufgabe hat, und somit jede Klasse nur für eine Aufgabe Verantwortung übernimmt. Der Vorteil dieses Vorgehens ist schnell erkennbar: Geht etwas schief oder ist man auf der Suche nach einer bestimmten Funktionalität im Code, ist es einfach, die entsprechende Stelle zu finden. Benennt man nun eine Klasse nach ihrer Aufgabe, kann beim Analysieren und Verstehen von Code viel Zeit gespart werden, da schnell erkennbar ist was eine Klasse tut und man davon ausgehen kann, dass es keine weiteren Seiteneffekte gibt.

Man kann dieses Prinzip allgemein auf viele Bereiche der Softwareentwicklung übertragen. Beim Anlegen von Datenstrukturen sollte man darauf achten, dass nur logisch zusammenhängende Daten gruppiert werden. Systeme sollten aus unterschiedlichen Komponenten bestehen, bei denen klar ist, welche Komponente welche Funktionen übernimmt. Ein Modul einer Anwendung sollte immer nur für eine logisch zusammenhängende Aufgabe verantwortlich sein.

Wird dieses konsequent umgesetzt, so kann ein Entwickler sich schnell in einer Anwendung zurechtfinden und einfach Fehlerquellen entdecken und beheben.

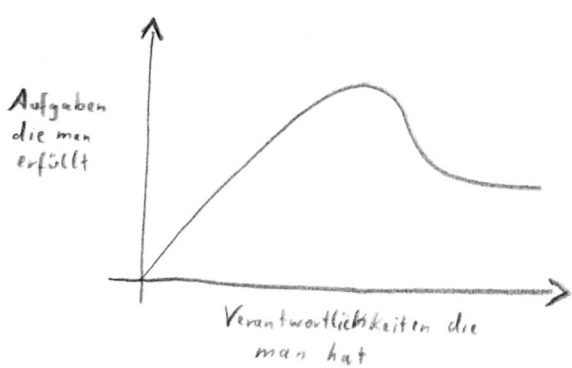

Open-Close principle

Das "Open-Close Principle" besagt, dass eine Klasse offen sein muss für Erweiterungen, aber geschlossen für Veränderungen. Neue Funktionalitäten können zu einer Klasse hinzugefügt, bestehende Funktionalitäten dürfen aber nicht geändert werden.

Dieses Prinzip kann man auf viele Bereiche der Softwareentwicklung übertragen: Bei der Entwicklung von einzelnen Teilen eines Systems (z.B. von Modulen, Funktionen, Klassen, Datenstrukturen...) sollte jedes Teil erweiterbar, aber nicht veränderbar sein. Dadurch werden Seiteneffekte vermieden - häufig sind Änderungen in komplexen Systemen kritisch, da man die Auswirkungen der Änderungen auf das gesamte System nicht mehr überschauen kann. Hält man sich an das Open-Close Principle, so wird das Verhalten eines jeden verwendeten Programmteils auch in Zukunft gleichbleiben, da Modifikationen ausgeschlossen sind und Erweiterungen keinen Einfluss auf das Bestehende haben.

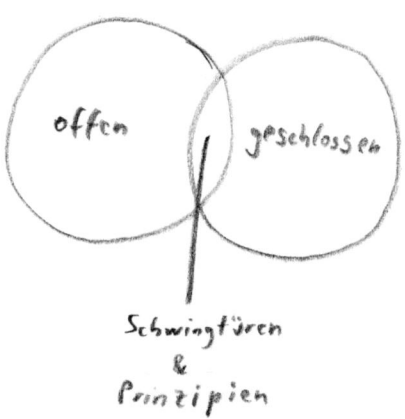

offen   geschlossen

Schwingtüren
&
Prinzipien

Liskov substitution principle

Das Liskov Substitution Principle (Liskovsche Ersetzungsprinzip) beschreibt, dass eine abgeleitete Klasse alle Eigenschaften und Verhalten der Mutterklasse übernehmen muss. Dabei kann eine abgeleitete Klasse noch weitere Eigenschaften und Verhalten hinzufügen, darf aber bestehende Eigenschaften und Verhalten nicht verändern oder weglassen.

Dazu ein Beispiel: Man erschafft eine Klasse *Konto* mit der Eigenschaft `Guthaben` und den Methoden `überweiseGeld` und `GeldAbheben`. Nun definiert man die abgeleiteten Klassen *Girokonto* und *Sparbuch*. Diese müssen nach dem Liskovschen Ersetzungsprinzip ebenfalls die Eigenschaft `Guthaben` aufweisen sowie die Methoden `überweiseGeld` und `GeldAbheben` implementieren. Auch eine Erweiterung von *Girokonto* um das Verhalten `ErhöheDispo` wäre jederzeit möglich.

Nun möchte man vom *Sparbuch* eine Klasse *OnlineSparbuch* ableiten, wieder mit der Eigenschaft `Guthaben` sowie der Methode `überweiseGeld`. Man möchte beim *Sparbuch* aber eine Möglichkeit des Geldabhebens verhindern, um so nur die Möglichkeit der Überweisung anzubieten. Deswegen wird die Methode `GeldAbheben` explizit nicht implementiert. Dies würde aber gegen das Liskovsche Ersetzungsprinzip verstoßen. Auch eine Implementierung von `GeldAbheben`, bei der man die Funktionalität so verändert, dass man praktisch kein Geld mehr abheben kann, wäre ein Verstoß. Das Liskovsche Ersetzungsprinzip verlangt, dass alle Eigenschaften und Verhalten vollständig und mit der gleichen Funktionalität implementiert werden.

Um das Liskovsche Ersetzungsprinzip einzuhalten, müsste man dem *OnlineSparbuch* entweder doch das Verhalten des `GeldAbheben` zugestehen, oder man darf die Klasse *OnlineSparbuch* nicht von *Sparbuch* oder *Konto* ableiten.

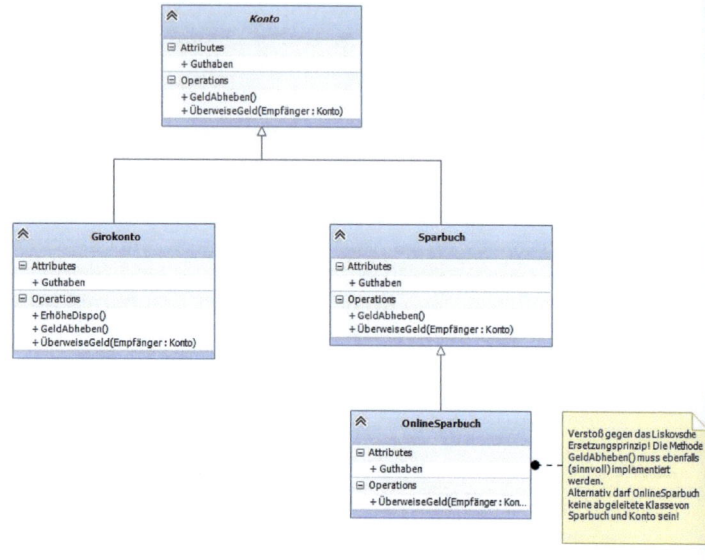

Dieses Prinzip hat in der objektorientierten Softwareentwicklung einen wichtigen Grund: Es verhindert, dass abgeleitete Klassen sich anders verhalten als erwartet. Dies kommt zum Beispiel zum Tragen, wenn man mit der übergeordneten Klasse *Konto* arbeitet. Dort kann man für die Methode `GeldAbheben` erwarten, dass immer das `Guthaben` reduziert wird. So könnte man eine Prüfung implementieren, die nach dem Funktionsaufruf von `GeldAbheben` einen Fehler erzeugt, falls das `Guthaben` gleichbleibt oder steigt. Hätte man nun eine Klasse *OnlineSparbuch*, bei der die Methode `GeldAbheben` so implementiert wäre, dass sie kein Geld auszahlt und somit das `Guthaben` nicht verändert, würde dies zu einem Fehler bei der Prüfung in der übergeordneten

Klasse *Konto* führen. Somit kann ein Verstoß gegen das Liskovsche Ersetzungsprinzip dazu führen, dass es Fehler im Verhalten der übergeordneten Klasse gibt.

Allgemein für die Softwareentwicklung liefert das Liskovsche Ersetzungsprinzip einen wichtigen Grundgedanken: Leitet man von einer Grundstruktur ab, so sollte das Abgeleitete immer die komplette Struktur abbilden und alles implementieren was dort vorgesehen ist.

Interface segregation principle

Das "Interface segregation principle" beschreibt, dass eine zu umfangreiche Schnittstellendefinition in mehrere kleine Schnittstellen zerlegt werden muss. Optimalerweise bietet eine Schnittstelle nur die Funktionen, die der Nutzer dieser Schnittstelle auch wirklich benötigt. Das Zerlegen in kleinere Schnittstellen hat mehrere Vorteile:

- Eine einzelne Schnittstelle, die viel Funktionalität anbietet, ist für den Nutzer schwerer zu verstehen, da er zunächst die ganze Schnittstelle erfassen muss. Dabei sind die für ihn relevanten Funktionen schwieriger aus der gesamten Masse heraus zu filtern. Mehrere kleine Schnittstellen mit ausgewählten Funktionen erlauben es dem Nutzer, sich schneller auf den für ihn relevanten Teil zu konzentrieren, der ihm alle benötigten Funktionen übersichtlich in einer Schnittstelle zur Verfügung stellt.

- Kleinere Schnittstellen können nach bestimmten Aufgaben oder Bereichen gegliedert sein.

Die Schnittstelle kann somit klarer und eindeutiger benannt werden, was wiederum die Verständlichkeit für den Nutzer verbessert.

- Eine umfangreiche Schnittstelle beinhaltet sehr viel Funktionalität. Ändert sich nur ein kleiner Teil der Funktionalität, bedeutet dies trotzdem, dass es eine Änderung in der gesamten Schnittstelle gibt. Alle Systeme, die diese Schnittstelle verwenden, benötigen dann eine entsprechende Aktualisierung, obwohl die eventuell vom System verwendete Funktionalität nicht Teil der Änderung war. Bei mehreren kleinen Schnittstellen hat man dieses Problem nicht - bei Änderung einer Schnittstelle sind nur Systeme betroffen, die auch die entsprechende Funktionalität nutzen.

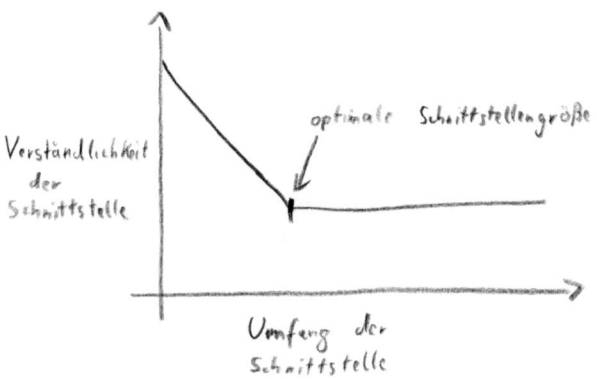

Dependency inversion principle

Das "Abhängigkeits-Inversions-Prinzip" besteht aus 2 Grundsätzen: *[frei übersetzt aus dem Englischen von*

Robert C. Martin: The Dependency Inversion Principle, 5/1996]

- Module auf höherer Ebene sollten nicht von Modulen auf niedriger Ebene abhängen. Beide sollten von Abstraktionen abhängig sein.

- Abstraktionen sollten nicht von Details abhängig sein. Details sollten von Abstraktionen abhängig sein.

Diese allgemein gehaltenen Grundsätze beziehen sich auf Module höherer und niedriger Ebene. Bei Modulen höherer Ebene handelt es sich z.B. um abstrakte Objekte, die einen Ablauf vorgeben, ihn aber nicht konkret implementieren. Das Abhängigkeits-Inversions-Prinzip geht davon aus, dass man bei der Entwicklung von Software Abstraktionsebenen einführt. Diese Abstraktionsebenen helfen dabei, dass man das konkrete Verhalten von vorgegebenen Abläufen entkoppeln kann.

Im folgenden Schaubild wird ein Aufbau gezeigt, der nicht mit Abhängigkeits-Inversions-Prinzip übereinstimmt.

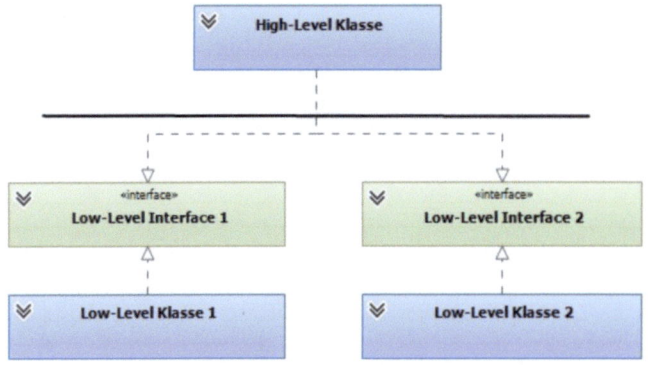

Es gibt zwei Low-Level Klassen, die beide ein Modul niedriger Ebene darstellen. Diese Low-Level-Klassen definieren jeweils zwei Schnittstellen. Es wird eine weitere High-Level-Klasse hinzugefügt, welche mit den Low-Level-Klassen arbeiten möchte. Dazu implementiert die High-Level-Klasse die beiden Schnittstellen der Low-Level-Klassen.

Bei diesem Aufbau definieren die Klassen auf niedriger Ebene die Schnittstellen. Diese Schnittstellen werden von einer Klasse auf höherer Ebene verwendet, um das Verhalten der Low-Level-Klassen zu definieren. Dadurch ist die Klasse auf höherer Ebene abhängig von den Klassen auf unterer Ebene. Auch wurde die Abstraktion (hier die Schnittstellendefinition) in Abhängigkeit von der detaillierten Umsetzung (hier die Low-Level-Klassen) erzeugt.

Da man nicht möchte, dass High-Level-Klassen von Low-Level-Klassen abhängen, muss man die Abhängigkeit umkehren. Dazu definiert man die Schnittstelle auf Basis der High-Level-Klasse. Die Low-Level-Klassen können nun mit der High-Level-Klasse zusammenarbeiten, indem sie die Schnittstelle der High-Level-Klasse implementieren. Das folgende Schaubild zeigt die richtige Anwendung des Dependency-Inversion-Principle.

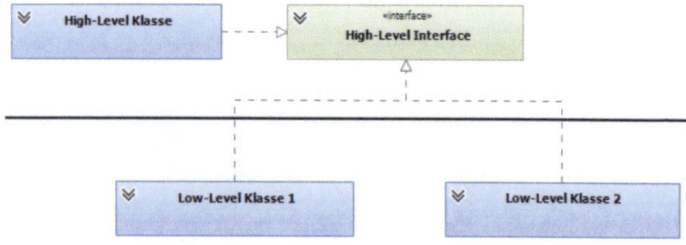

Law of Demeter

Das Gesetz von Demeter kommt aus der objektorientierten Softwareentwicklung. Es besagt, dass ein Modul oder Objekt nur mit bekannten Objekten oder Modulen kommunizieren darf. Man bezeichnet dies auch als "Sprich mit Freunden, nicht mit Fremden".

Das Gesetz von Demeter definiert dabei sehr konkret, was eine Methode (m) innerhalb einer Klasse (K) tun darf:

- Nur die Methoden von K aufrufen
- Nur Objekte nutzen, die innerhalb der Methode selbst erzeugt wurden
- Nur Objekte nutzen, die an die Methode übergeben wurden
- Nur Objekte nutzen, die innerhalb der Klasse K zugänglich sind

Die oben genannten Methoden und Objekte sind bekannt, sie sind sozusagen "Freunde". Erlaubt ist der Zugriff auf diese Objekte selbst sowie auf deren Methoden. Nicht erlaubt ist aber wiederum der Zugriff auf Objekte innerhalb dieser bekannten Objekte.

So wäre z.B. der Aufruf von:

```
MeineKonfig.LiesKonfiguration()
```

innerhalb einer Methode in Ordnung, wenn MeineKonfig eine bekannte Klasse ist. Aber der Aufruf

```
MeineKonfig.LiesKonfiguration().Parameter1 = Wert
```

würde gegen dieses Gesetz verstoßen, da man innerhalb eines befreundeten Objekts wiederum auf ein weiteres (fremdes) Objekt zugreift. Um dem Gesetz von Demeter zu entsprechen, müsste der Aufruf etwa

```
MeineKonfig.ÄndereParameter1()
```

lauten, wobei die Methode `ÄndereParameter1` die entsprechende Zuweisung von `Parameter1 = Wert` vornimmt.

Wie kann dieses Prinzip nun generell auf die Softwareentwicklung übertragen werden? Das Ziel des Gesetzes von Demeter ist es, die Kapselung von Objekten und Modulen zu erhöhen. Da ein Objekt nur mit ihm bekannten, also direkt assoziierten Objekten kommuniziert, sind die Abhängigkeiten zwischen den Objekten leicht nachvollziehbar. Dies ermöglicht es, Objekte innerhalb einer Klasse leicht zu ersetzen. Man kann dieses Prinzip somit generell für viele Konzepte in der Softwareentwicklung anwenden, indem man es auf die Abhängigkeiten einzelner Teile überträgt.

Betrachtet man z.B. eine klassische 3-Schichten-Architektur aus dem Lehrbuch: Es gibt eine Präsentationsschicht für die Darstellung, eine Applikationsschicht für die Logik und eine Datenschicht für die Datenhaltung. Die Präsentationsschicht kann nur mit der Applikationsschicht und die Applikationsschicht wiederum nur mit der Datenschicht kommunizieren. Hier wird das Gesetz von Demeter bereits eingehalten. Wenn die Präsentationsschicht direkt mit der Datenschicht kommunizieren würde, wäre dies ein Verstoß gegen das Gesetz von Demeter.

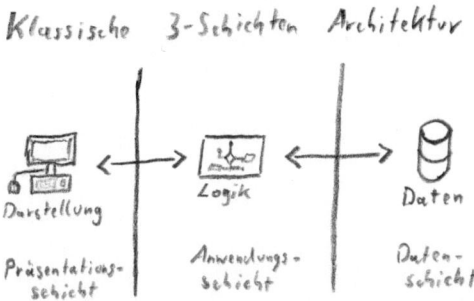

Ähnlich kann es sich bei Datenstrukturen verhalten. Betrachten wir z.B. die Tabellen „Mitarbeiter", „Firma" und „Projekt". Jeder Mitarbeiter ist Teil genau einer Firma, und jeder Mitarbeiter beteiligt sich an einem oder mehreren Projekten.

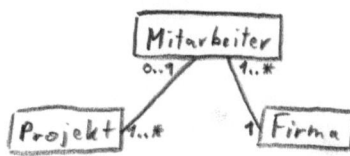

Möchte man nun wissen, welche Projekte in einer Firma existieren, so kann man eine Abfrage konstruieren, die alle Mitarbeiter einer Firma zusammensucht und dann deren Projekte ausgibt. Hier würde man allerdings gegen das Gesetz von Demeter verstoßen - man versucht für ein Objekt (Firma) über eine bekannte Abhängigkeit (Mitarbeiter) direkt auf die Werte einer fremden Abhängigkeit (Projekt) zuzugreifen. Abgesehen davon, dass das Ergebnis dieser Abfrage eventuell unvollständig wäre, da es auch Projekte geben kann, die keinem Mitarbeiter zugeordnet sind, wäre es besser eine direkte Beziehung zwischen der Firma und dem Mitarbeiter einzuführen.

Wie diese Beispiele zeigen, kann das Gesetz von Demeter dazu beitragen, die Abhängigkeiten zwischen Objekten auf einem überschaubaren Niveau zu halten, was für die spätere Wartbarkeit von Software elementar ist.

Convention over Configuration

"Convention over Configuration" steht dafür, dass generelle Vorgaben oder abgesprochene Regeln (sogenannte Konventionen) immer gegenüber der Möglichkeit einer Konfiguration vorzuziehen sind.

Es gibt meist sehr viele Möglichkeiten, das Verhalten einer Software oder eines Systems zu dynamisieren. Dazu werden Einstellungen - also Konfigurationen - teils in Tabellen, Dateien oder direkt im Code abgelegt. Ist ein anderes Verhalten der Anwendung gewünscht, können diese Konfigurationen an der entsprechenden Stelle geändert werden. Leider nimmt im Laufe der Zeit die Anzahl dieser Konfigurationsmöglichkeiten zu. Zudem werden sie nicht immer zentral abgelegt, sondern über die Anwendung verstreut. Für Personen, die das System nicht selbst entwickelt haben, sind diese Konfigurationen manchmal nur schwer zu finden und zu verstehen. Eine große Anzahl an Parametern und Einstellungsmöglichkeiten halten ein System zwar sehr dynamisch, aber es wird meist nur ein kleiner Teil der Parameter wirklich benötigt. Dies führt insgesamt zu einem verwirrenden Durcheinander an unterschiedlichsten Konfigurationen. Künftige Entwickler werden dazu neigen, lieber neue Konfigurationen für ihren Teil der Anwendung hinzuzufügen, als bestehende wieder zu benutzen. Auf Dauer wird es immer schwieriger, das Verhalten einer Anwendung zu ändern oder zu dynamisieren.

Ein Ausweg aus diesem Dilemma ist der Ansatz, Konventionen zu verabreden, die man bei der Entwicklung vorrangig befolgt. Eine Konvention ist eine für alle Entwickler allgemein gültige Regel, die man bei der Entwicklung als bekannt voraussetzen kann. Existiert solch eine Konvention, ist diese immer der Möglichkeit einer Konfiguration vorzuziehen. So reduziert man die Anzahl an Einstellungsmöglichkeiten und anhand der gültigen Konventionen kann man trotzdem das aktuelle Verhalten einer Anwendung abschätzen.

Ein einfaches Beispiel für eine Konvention ist z.B. die Festlegung der Absenderadresse von sämtlichen Mails, die ein Server verschickt. Wird als Konvention angenommen, dass diese z.B. immer

```
noreply-[servername]@company.de
```

ist, so kann dies fest im Code hinterlegt werden. Eine Möglichkeit, diesen Wert über eine Konfiguration auszulesen oder zu ändern wird nicht mehr benötigt. Der Entwickler kann somit an den entsprechenden Stellen von der Namenskonvention für Absenderadressen ausgehen und diese direkt implementieren, ohne eine zusätzliche Konfiguration schaffen zu müssen.

Namenskonventionen können auch helfen, sich bei mehreren Anwendungen mit ähnlichen Konfigurationen schneller zurechtzufinden. Angenommen, es gäbe in unterschiedlichen Anwendungen jeweils die Parameter "ErrorMail" und "ErrorContent", die beide Platzhalter für den Inhalt der Mail im Fehlerfall sind. Eine einheitliche Konvention wäre, diese Parameter in beiden Anwendungen "ErrorMailContent" zu benennen.

Grundsätzlich sollte sich beim Hinzufügen von neuen Konfigurationen zu einem System gefragt werden, ob diese wirklich benötigt werden, oder ob es nicht eine allgemeine Konvention gibt oder geschaffen werden kann, die zum Verzicht auf die Einstellungen führen könnte - Convention over Configuration.

Clutter

"Clutter" steht für Durcheinander oder Unordnung. Bezogen auf die Softwareentwicklung spricht man von Code, der unordentlich oder unaufgeräumt ist. Aber nicht nur Code - auch Datenstrukturen, Verzeichnisse, Datenbanken etc. können "cluttered", also durcheinander sein.

Bei der Entwicklung von Software kommen in der Regel viele Informationen zusammen - Anforderungen werden festgehalten, Prototypen programmiert, Tests entwickelt, neue Ideen müssen festgehalten werden... Eine Masse von Dokumenten, Codes, Daten und mehr muss verwaltet, programmiert oder organisiert werden. Dabei ist es nicht ungewöhnlich, dass veraltete Dokumente *nicht* gelöscht, nicht mehr benötigte Prototypen behalten und verwaister Code *nicht* gelöscht wird.

Technisch gesehen stören solche Altlasten die Funktionsweise eines Systems nicht. Sie werden im laufenden Betrieb von der Anwendung ignoriert oder beim Kompilieren gar nicht erst berücksichtigt - sie existieren also "nur" im Entwicklungssystem. Somit hat die Tatsache, ob ein System aufgeräumt ist oder nicht keine Auswirkungen auf die Ausführung selbst. Dies führt dazu, dass es keinen Zwang gibt ein System aufzuräumen. Auch veraltete (Test)Daten, das erste Coding im Projekt oder andere Prototypen werden nicht gelöscht mit dem Argument, dass sie vielleicht noch benötigt werden könnten. Dies führt dazu, dass ein Projekt immer wächst und wächst, aber nie aufgeräumt wird.

Leider ist dieser auskommentierte Code, die veralteten Dokumente und alles was sonst in einem System noch so liegen bleibt der sogenannte "Clutter" - er sorgt dafür, dass die Entwickler bei ihrer eigentlichen Tätigkeit - dem Entwickeln von Software - beeinträchtigt werden. Natürlich sind erfahrene Programmierer in der Lage, solchen Clutter schnell zu identifizieren und zu ignorieren - nichtsdestotrotz verstellt er den Blick auf die wesentlichen Informationen.

So unglaublich leistungsfähig unser Gehirn auch ist, es wird auch schnell abgelenkt. So kann ein Code, der zu 90% aus Kommentaren und auskommentiertem Code besteht, nur wesentlich schwerer und langsamer verstanden werden. Klar strukturierter Code, in dem ausschließlich Anweisungen stehen, die für die Funktion des Code wichtig sind, kann viel schneller aufgenommen werden. Der Entwickler wird nicht so häufig von Unwichtigem abgelenkt und hat Zeit, sich auf das Wesentliche zu konzentrieren: dem Entwickeln. Er muss nicht seine wertvolle Arbeitszeit damit verbringen, sich durch einen Wust von Informationen zu wühlen, um die für seine Aufgabe wichtigen Stellen zu finden.

Deswegen sollte eine Maxime in der Softwareentwicklung sein, jeglichen "Clutter" zu vermeiden oder möglichst zeitnah zu beseitigen. Je aufgeräumter ein System ist, umso effizienter kann es weiterentwickelt werden.

Root Cause Analysis

Keine Software ist fehlerfrei - diese Aussage bewahrheitet sich in der Softwareentwicklung immer wieder aufs Neue. Das heißt aber nicht, dass man Fehler in einer Software hinnehmen muss. Je besser ein System getestet, je klüger die dahinterliegende Architektur designt ist, umso besser wird eine Software später funktionieren.

Die Frage ist nur, wie man mit Fehlern umgeht, die dann doch irgendwann auftreten. Dass man diese Fehler beheben muss, steht außer Frage. Allerdings gibt es zwei Möglichkeiten, einen Fehler zu beheben: Eine schnelle Lösung, die zeitnah implementiert ist, aber dabei nicht den Fehler selbst behebt, sondern nur dessen sichtbare Auswirkungen (quasi die Symptome). Oder eine aufwendigere Lösung, bei der man zunächst die Ursache des Fehlers genauestens analysiert, also die "Wurzel des Fehlers" findet.

Steht man vor dieser Wahl, sollte man sich immer für die letztere Möglichkeit entscheiden. Das Finden des Fehlers wird sich zunächst komplizierter und langwieriger gestalten - man wird viel Zeit damit verbringen, das gesamte System zu analysieren um zum Kern des Problems vorzudringen. Hat man aber die wirkliche Fehlerquelle gefunden, ist man in der Lage eine nachhaltige Lösung zu implementieren.

Dieses Vorgehen nennt man "Root Cause Analysis" und ermöglicht, dass man Fehler an der Stelle findet und beseitigt, an der sie passieren. Die zusätzliche Zeit, die man für solch eine Root Cause Analyse aufbringen muss, wird man später wieder einsparen, da dadurch noch unbekannte Fehler mit der gleichen Fehlerursache nicht mehr auftreten werden.

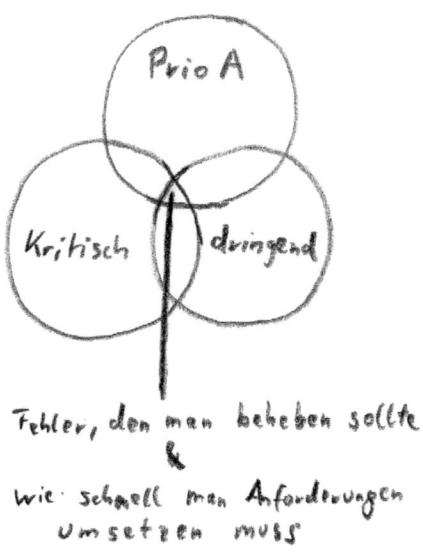

Fehler, den man beheben sollte
&
wie schnell man Anforderungen
umsetzen muss

Optimierungen

Unter dem Begriff Optimierung versteht man das Umschreiben von Code, so dass dieser schneller und stabiler als vorher funktioniert. Leider neigen Entwickler dazu, bei Optimierungen sehr vorschnell zu sein. Ein Entwickler hat häufig nur einen Verdacht, welcher Teil der Anwendung "optimiert" werden kann - ohne dabei die konkreten Auswirkungen auf die gesamte Anwendung wirklich abschätzen zu können. Dabei gibt es nicht immer ein konkretes Performanceproblem, das gelöst werden muss. Meist gibt es nur einen Verdacht, welcher Teil der Anwendung nicht die erwartete Leistung bringt. Dabei wird vergessen, dass man Optimierungen nur sehr sparsam (oder am besten gar nicht) durchführen sollte - nämlich nur, wenn es ein konkretes Performanceproblem gibt, das man zwingend lösen muss.

So wird Code optimiert mit dem Ziel, die Laufzeit zu verkürzen, Speicherbedarf zu verringern oder die Rechenzeit zu minimieren - ohne konkreten Bedarf. Ein Entwickler sieht bei einem Algorithmus Optimierungspotential und ist schnell bereit, dies "mal kurz" zu verbessern. Nach der Implementierung verhält sich die Anwendung in der Testumgebung so wie vorher - und da man Arbeit in die Optimierung gesteckt hat, lässt man die Implementierung so eingebaut. Warum sollte dieser Code nun schädlich sein?

Leider stellt sich später diese Optimierung als Ursache für neue Fehler oder neues, unerwartetes Verhalten im System heraus. Oder man muss nachher den optimierten Algorithmus umbauen - und dazu den dazugehörigen Code erst wieder verstehen. Da Optimierungen sich durch eine systemnahe Programmierung auszeichnen, sind sie aber schwer zu lesen und nachzuvollziehen. Im optimierten Code Fehler zu entdecken ist schwierig, bereits optimierten Code umzuschreiben noch schwieriger. Da der optimierte Code nun auch keine Performancevorteile brachte, hat man durch die Optimierung seinen Code nur unnötig verkompliziert. Besser wäre es gewesen, alles so zu lassen wie es ist.

Deswegen kam auch schon der britische Informatiker M.A. Jackson zu den bekannten 2 Grundregeln für Optimierungen:

"Rules of Optimization:
Rule 1: Don't do it.
Rule 2 (Experts only): Don't do it yet. "
[M.A.Jackson]

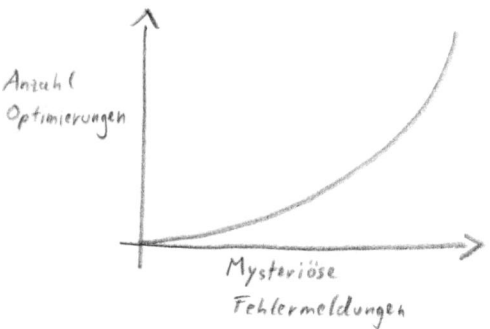

The 9 golden debugging rules

[In Anlehnung an das Buch "Debugging: The 9 Indispensable Rules for Finding Even the Most Elusive Software and Hardware Problems" von David J. Agans]

Keine Software ist fehlerfrei. Es kommt bei jeder Anwendung der Zeitpunkt, an dem an einer unerwarteten Stelle ein Fehler auftritt. Man stellt sich und anderen die Frage: Was wurde gemacht, das diesen Fehler hervorrufen konnte? Die häufigste Antwort wird lauten: "Nichts!". Dann wird man nicht umhinkommen, sich mit dem Fehler auseinander zu setzen. Natürlich mit dem höheren Ziel, ihn zu beheben. Doch wo beginnt man zu suchen? Welchen Code muss man an welcher Stelle durchwühlen, und wie kann man sich dem Fehler systematisch nähern?

Die 9 goldenen Regeln des Debuggings von David J. Agans helfen hier weiter. Sie sind ein Leitfaden, nach denen man sich bei der Fehlersuche (neudeutsch: Debuggen) richten kann und sollte. Insbesondere wenn es sich um hartnäckige und schwer zu findende Fehler handelt, bei denen man viel Zeit investieren muss, um sie zu finden.

Die in diesem Buch aufgestellten Regeln sind ideal, wenn man bei der Fehlersuche an einem Punkt angelangt ist, an dem man am liebsten sagen möchte: "Diesen Bug kann man nicht fixen!". Sie geben Hilfestellung, wie man sich dem Fehler systematisch nähert, ihn immer mehr eingrenzt und zum Schluss auch wirklich dauerhaft behebt.

Die 9 goldenen Debugging-Regeln lauten:

1. *Understand the system*
2. *Make it fail*
3. *Quit thinking and look*
4. *Divide and conquer*
5. *Change one thing at a time*
6. *Keep an audit trail*
7. *Check the plug*
8. *Get a fresh view*
9. *If you didn't fix it, it ain't fixed!*

Und hinzugefügt sei noch als grundlegende Regel am Anfang eines jedes Bugfixing:

0. *Always fix the first error first!*

Auf den folgenden Seiten werden die einzelnen Regeln noch detaillierter behandelt.

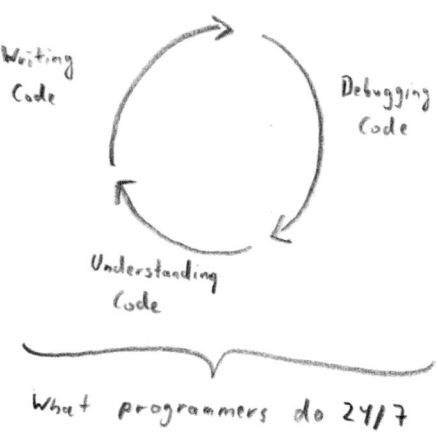

Writing Code — Debugging Code — Understanding Code

What programmers do 24/7

Rule 0: Always fix the first error first

Beim Debuggen einer beliebigen Anwendung gilt immer die Regel: "Always fix the first error first!". Erscheinen beim Kompilieren einer Anwendung mehrere Fehler, behebt man grundsätzlich den zuerst, der im Programmablauf als Erstes kommt. Meist sind die vom Compiler darauffolgenden angezeigten Fehler nur Folgefehler, die nur wegen des ersten Fehlers existieren. Würde man diese Folgefehler zuerst beheben wollen, kann dies problematisch werden, da der ursprüngliche Fehler noch nicht behoben ist.

Will man sich unnötiges Debugging sparen, gilt somit: "Always fix the first error first".

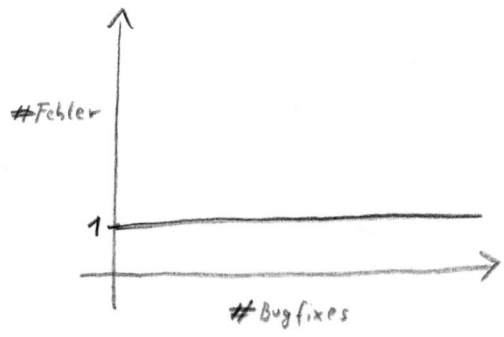

Rule 1: Understand the system

Die erste Regel der neun goldenen Debugging-Regeln lautet: „Understand the system" - Verstehe das System. Fange an, dich mit der Anwendung auseinanderzusetzen. Wenn man bereits die Komponente der Anwendung identifizieren konnte, in der sich der Fehler befindet, sollte man sich darauf konzentrieren, diesen Teil zunächst zu verstehen. Dabei muss man die mit dieser Komponente interagierenden Teile der Anwendung mit einbeziehen. Nicht bis ins kleinste Detail, aber die grundsätzlichen Abläufe - welcher Teil kommuniziert mit wem und wann. Ist es eine Client/Server-Architektur? Welche Daten werden von wo gelesen und wohin geschrieben? Gibt es parallel laufende Prozesse, die sich gegenseitig beeinflussen könnten? Welche weiteren externen Systeme spielen eine Rolle? Welche Aktionen von Anwendern lösen welche Schritte aus? Und über allem die Frage: Welche weiteren Teile könnten überhaupt mit dem Fehler in Verbindung stehen?

Bei Regel 1 geht es darum, sich einen grundlegenden Überblick über das System zu verschaffen. Man sollte die Anwendung soweit verstehen, dass man die

Funktionen der einzelnen Komponenten kennt und Prozesse diesen Komponenten zuordnen kann. Erst wenn man dazu in der Lage ist, kann man sich dem nächsten Schritt zuwenden.

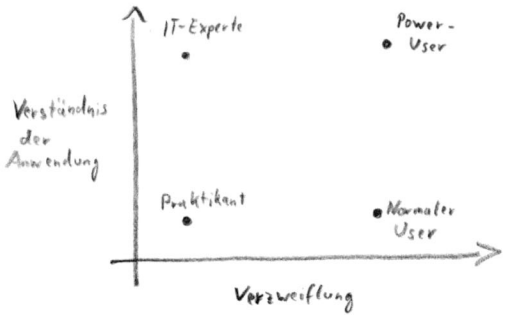

Rule 2: Make it fail

Die zweite "goldene" Regel des erfolgreichen Debuggings lautet "Make it fail!" - mache den Fehler. Bevor man einen Fehler überhaupt näher analysieren kann, muss man ihn zunächst zuverlässig reproduzieren können. Dies klingt einfacher, als es ist: Wie oft kommt es vor, dass ein Fehler nur in bestimmten Umgebungen oder unter bestimmten Voraussetzungen auftritt, die man nicht nachvollziehen kann? Wer kennt es nicht: Ein Anwender erläutert dem Entwickler seine Fehlermeldung am Telefon - man stellt es nach und kann nur sagen: "Bei mir funktioniert es!"

Es gibt Fehler, die lassen sich nicht in Entwicklungsumgebungen nachstellen, sondern nur im produktiven Betrieb. Gerade bei Software, die auf unterschiedlichen Systemkonfigurationen oder unterschiedlichen Betriebssystemen läuft, ist der Einfluss von anderen Anwendungen auf die eigene Software immens.

So kann es zum Beispiel sein, dass bei 100 sich stark gleichenden Windows-Rechnern eine Anwendung lange fehlerfrei läuft, aber auf einmal auf nur einem dieser Rechner einen Fehler verursacht. Später wird sich herausstellen, dass auf diesem einen Rechner eine Software eines Dritt-Anbieters installiert wurde, die eine bestimmte Konfiguration im System verändert und dadurch die eigene Software beeinflusst und zu einem fehlerhaften Verhalten gebracht hat. Aber wie kann man solch einen Fehler reproduzieren? Leider nur, indem man möglichst die komplette Umgebung des infrage kommenden Rechners nachstellt, und den Fehler dort reproduzierbar macht.

In Zeiten, wo virtuelle Maschinen gang und gebe sind, ist dies technisch eine lösbare Herausforderung. Das bedeutet aber auch, dass man in das Reproduzieren des Fehlers mehr Zeit stecken muss als man vielleicht möchte. Natürlich sollte es immer das Ziel sein, den Fehler mit möglichst geringem Aufwand nachstellen zu können. Doch wenn die Aufwände auch höher werden, muss man sie leider auf sich nehmen. Man darf nicht den Fehler machen, "auf Verdacht" Lösungen zu bauen und diese dann als Bugfix anzusehen. Den Fehler zu reproduzieren ist elementar, um ihn auch nachweisbar beheben zu können. Ansonsten wird das Debugging vergleichbar zu einer sprichwörtlichen Suche nach der Nadel im Heuhaufen. Die Zeit, die man anfangs aufwenden muss, um den Fehler reproduzierbar zu machen, spart man später wieder ein.

Es muss aber nicht immer sein, dass das Nachstellen eines Fehlers so aufwendig ist: Meist reicht es, bestimmte Aktionen des Users exakt nachzuvollziehen, bestimmte Client/Server Kommunikation nachzubauen, oder einen bestimmten Zustand der Anwendung oder des Systems zu erreichen. Dies muss nicht immer zeitaufwendig sein - man muss sich aber die

Zeit nehmen. Hat man den Fehler erst einmal reproduzierbar gemacht, hat man eine solide Grundlage ihn auch wirklich zu beheben.

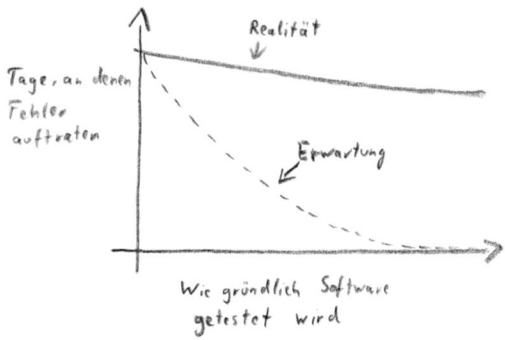

Rule 3: Quit thinking and look

Ist man bei Regel 3 der 9 goldenen Debugging-Regeln angelangt, hat man inzwischen eingesehen, dass der gesuchte Fehler einer von der komplizierteren Sorte ist. Die nächste Regel lautet: "Quit thinking and look" und bedeutet, dass man damit aufhören soll, den Fehler nur durch alleiniges Nachdenken herausfinden zu wollen.

Regel 3 besagt, dass man seine Zeit nicht weiter damit verschwenden soll zu raten wo der Fehler sein könnte, sondern sich der Hilfsmittel zu bedienen, die man zur Verfügung hat: Vielleicht protokolliert die Anwendung ihre Abläufe in Log-Dateien, oder man kann einen Debugger mit der Anwendung verbinden, oder der Netzwerkverkehr kann mitgelesen werden, oder das Event-Log des Betriebssystems hat doch ein paar nützliche Informationen... Zunächst sollte man sich die Logs und Monitor-Tools ansehen, die bereits im System vorhanden sind. Hilfreich bei Anwendungen ist auch die Möglichkeit, sie in einen Debug-Modus zu schalten, was diese wesentlich "gesprächiger" in Bezug auf ihr Log-Verhalten macht. Vielleicht kann man auch mit einem Debugger arbeiten und sich die Fehlerstelle im Code direkt ansehen. Hilft dies nicht, so ist jetzt der Zeitpunkt gekommen, ein entsprechendes Logging nachzuimplementieren. Wurden bereits Tests entwickelt, kann man sich Gedanken darübermachen, diese zu erweitern - vielleicht wurde der Fehler bereits mit einem Test nachgestellt. (Regel 2: "Make it fail") Dieser Test wäre ein guter Ausgangspunkt, weitere Informationen über das Verhalten der Anwendung zu sammeln.

Die vorher genannten Ratschläge haben alle ein Ziel: Die Anwendung möglichst nachvollziehbar zu machen, sodass man an der Stelle des Fehlers sehen kann, was vorher und nachher passiert. Das Implementieren von Logging-Mechanismen und dem Hinzufügen von anderen Überwachungstools (z.B. um den Netzwerkverkehr oder die Datenbankabfragen mitzulesen) ist relativ schnell eingebaut und gibt sehr viele Rückschlüsse über das Verhalten einer Anwendung.

Wenn man sehen kann was in einem System passiert, muss man keine theoretischen Annahmen über die mögliche Fehlerursache machen.

Quit thinking ... and look!

Rule 4: Divide and conquer

"Divide and conquer" - Teilen und Herrschen. Die vierte Regel der 9 goldenen Debugging-Regeln wendet man häufig bereits intuitiv an: Man nähert sich der Fehlerquelle, indem man die Teile ausschließt, die fehlerfrei sind.

Die Regel "Divide and conquer" besagt, dass man das System in zwei Hälften teilt und nur eine dieser Hälften untersucht. Stellt man fest, dass diese Hälfte keinen Fehler beinhaltet, kann man diesen Teil der Software in weiteren Fehleranalysen ausschließen und mit dem verbleibenden (fehlerhaften) Teil fortfahren. Auf diese fehlerhafte Hälfte wendet man wieder das gleiche Vorgehen an: zerteilen, fehlerhaften Teil finden, diesen wieder zerteilen... Dies wiederholt man so lange, bis der noch verbleibende fehlerhafte Teil so klein und überschaubar ist, dass es einfach ist darin die genaue Fehlerquelle zu finden. Vielleicht weiß man jetzt noch nicht wie man den Fehler beheben kann, aber man kann nun den Teil des Systems benennen, der den Fehler beinhaltet.

Rule 5: Change one thing at a time

Die fünfte Regel der 9 goldenen Debugging-Regeln ist eine einfache: "Change one thing at a time" - immer nur eine Sache gleichzeitig ändern. In der Praxis bedeutet dies, dass man jede Änderung am System direkt im Anschluss testet.

Ist man bei Regel 5 der Debugging-Regeln angekommen und konnte den Bug noch nicht beheben, scheint es sich um eine knifflige Fehlersuche zu handeln. Gerade bei komplizierten Fehlern kann man die Seiteneffekte eines Systems nicht mehr überschauen. Seiteneffekte bedeuten hier, dass jede Änderung im System andere Teile des Systems so beeinflusst, wie man es nicht erwartet hätte. Jede Modifikation kann somit woanders einen neuen Fehler verursachen.

Nimmt man viele Änderungen auf einmal vor, so erhöht sich die Wahrscheinlichkeit, dass man unbeabsichtigt einen neuen Fehler als Seiteneffekt erzeugt. Entdeckt man den neuen Fehler kann man zwar davon ausgehen, dass die bisherigen Änderungen dafür verantwortlich sind, aber hat man viele Dinge gleichzeitig geändert, so kann man nicht mehr genau sagen welche der vorherigen Änderungen für den Fehler verantwortlich ist.

Deswegen ändert man immer nur eine Sache nach der anderen - damit man nach jeder Modifikation testen kann, ob sich das System noch genauso verhält wie man es erwartet. Erst wenn die Tests erfolgreich sind, geht es weiter mit der nächsten Änderung. So kann man verhindern, dass beim Beheben eines Fehlers weitere hinzukommen.

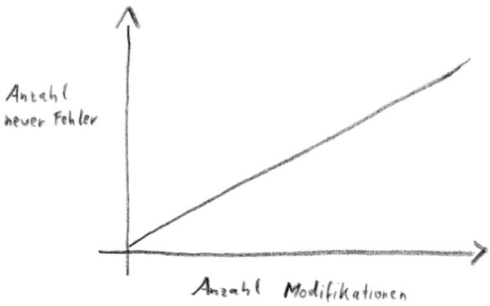

Rule 6: Keep an audit trail

Wir sind schon bei der sechsten Regel der 9 goldenen Debugging-Regeln angelangt. Ist man bei dieser Regel angekommen, hat man schon einiges an Zeit in die Fehlersuche investiert. Regel Nr. 6 lautet: "Keep an audit trail" und besagt, dass man alle Änderungen mitprotokolliert, die man im System macht.

Da der Fehler anscheinend nicht einfach zu beheben ist, wird man bereits viele Ideen und Lösungsansätze haben, wie man den Fehler behebt. Die vorherige Regel des Debuggings "Change one thing at a time" beschrieb bereits, dass man nur eine Änderung gleichzeitig machen soll. Diese Regel ist weiterhin wichtig - aber wenn es sich wirklich um einen problematischen Fehler handelt, wird es nicht bei ein oder zwei Änderungen bleiben. Alle Änderungen, die man am System macht, sollten in irgendeiner Form protokolliert werden - entweder durch simples Aufschreiben, durch Nutzen einer Versionsverwaltung oder durch andere Hilfsmittel. Macht man dies, nennt man das einen "Audit trail".

Solch eine Änderungshistorie bringt verschiedene Vorteile. Macht man mehrere Änderungen am System, so muss es nicht zwangsweise die letzte Modifikation sein, die den Fehler behebt. Es kann ein Zusammenspiel der vorherigen Veränderungen sein, die die gesamte Anwendung wieder lauffähig machen. Aber wie kann man nachvollziehen, welche Änderungen man gemacht hat? Hier hilft der erstellte Audit Trail.

Es kann auch sein, dass man sehr viele Änderungen am System vornimmt, diese aber wieder rückgängig machen will um andere Lösungswege auszuprobieren. Wenn sich die Fehlersuche über mehrere Tage hinwegzieht, hat man vielleicht schon den Überblick verloren, welche Änderungen man implementiert hatte und welche nicht. Auch hier hilft der Audit Trail.

Auch wenn man sehr viel am System geändert hat und sich dann doch herausstellt, dass es nur eine kleine Veränderung ist, die man vornehmen muss um den Fehler zu beheben - dann möchte man alle vorherigen Umbauten am System gerne wieder rückgängig machen. Auch hier kann ein Audit Trail weiterhelfen.

Für ein erfolgreiches Debugging ist somit ein Änderungsprotokoll ein sehr wertvolles Hilfsmittel.

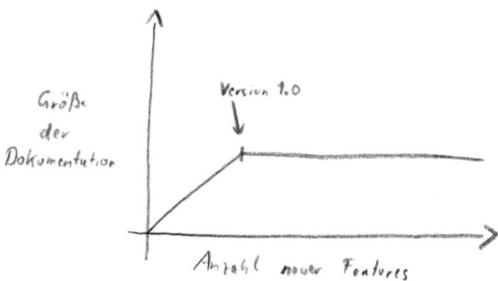

Rule 7: Check the plug

"Check the plug" - überprüfe den Stecker. Wer schon mal einen Blick in die Bedienungsanleitung seines Fernsehers, Radios oder sonstigen elektrischen Geräts geworfen hat, wird vielleicht über den Punkt "Mein Gerät funktioniert nicht - was kann ich tun?" gestolpert sein. Dort werden Szenarien aufgeführt, die ein eventuelles Fehlverhalten des Geräts beschreiben und wie man dieses selber beheben kann. Bei allen Geräten, die einen Stecker haben, wird dort als einer der ersten Punkte stehen:

Problem: *Das Gerät lässt sich nicht einschalten*
Lösung: *Der Stecker ist nicht richtig mit der Steckdose verbunden. Überprüfen Sie den Netzanschluss.*

Was sich nach einem trivialen Problem und dessen Lösung anhört, ist in der Praxis eine häufige Fehlerursache. Manche kennen vielleicht die Situation: man versucht ein Gerät einzuschalten, es scheint aber nicht zu funktionieren. Man drückt verschiedene Knöpfe - nichts passiert. Nach vielen erfolglosen Versuchen kommt man zu der Überzeugung, dass das Gerät defekt ist. Nur durch Zufall (oder vielleicht sogar durch einen Blick in die Bedienungsanleitung) schaut man nach dem Stecker, und stellt überrascht fest, dass dieser doch nicht richtig in der Steckdose steckte.

Übertragen auf die Fehlersuche in der Software heißt dies, dass man den Fehler in einer bestimmten Komponente gefunden hat - und auch schon erfolglos versucht hat, ihn dort zu beheben. Aber man hat sich bis jetzt noch nicht die "Versorgung" dieser Komponente angesehen. Dies kann als Beispiel die Datenbasis sein, auf den der fehlerhafte Teil der Anwendung aufsetzt. Jetzt ist der Zeitpunkt, diese Datenbasis daraufhin zu überprüfen, ob sie auch korrekt und fehlerfrei bereitgestellt wird. Ein anderes Beispiel wäre, dass der zu untersuchende Teil auf bestimmte Ressourcen wartet. "Check the plug" bedeutet, dass man untersucht ob diese verfügbar sind und ob diese wie erwartet reagieren. Bei einer Client/Server Anwendung würde man überprüfen, ob der jeweilige Kommunikationspartner auch die erwartete Kommunikation liefert. Wird die fehlerhafte Komponente bereits fehlerhaft beliefert, kann dies in der Verarbeitung zunächst unbemerkt bleiben und erst an späterer Stelle für einen Fehler sorgen - der direkte Bezug zwischen der Anlieferung und dem fehlerhaften Teil ist dabei schwer herzustellen. Wichtig ist, dass man auch die bis dato immer einwandfrei funktionierenden Teile der Anwendung genauer ansieht - ähnlich wie beim nicht richtig sitzenden Stecker sollte man die Teile untersuchen, die man eigentlich nicht mehr überprüft da sie normalerweise immer funktionieren.

Erst wenn man auch die "Grundversorgung" der fehlerhaften Komponenten überprüft hat, kann man sich sicher sein, dass es nicht der "Stecker" der Anwendung war, der nicht richtig in der Steckdose saß.

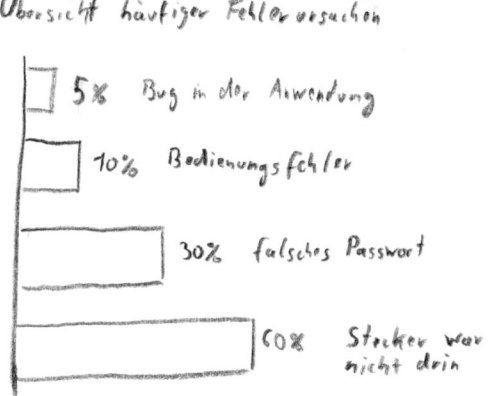

69

Rule 8: Get a fresh view

Ist man bei Regel acht der 9 goldenen Debugging-Regeln angelangt, hat man schon viel Zeit mit der Analyse des Systems, der Fehlersuche und vermeintlichen Fehlerbehebungen verbracht. Man hat vielleicht schon einen Teil der Anwendung komplett umgebaut und sehr viele vermeintlich funktionierende Bugfixes ausprobiert - bis jetzt ohne Erfolg. Inzwischen ist man soweit, dass man überzeugt ist, dass die Behebung des Fehlers unmöglich ist. Am liebsten würde man frustriert aufgeben.

Jetzt ist der Zeitpunkt gekommen, mit dem weiteren Debugging aufzuhören. "Get a fresh view" bedeutet, sich eine neue und frische Sicht auf die Dinge zu holen. Man legt eine Pause ein und gönnt sich eine Auszeit. Im Unterbewusstsein wird das Gehirn weiter an der Lösung des Problems arbeiten, aber aktiv sollte man sich etwas Anderem zuwenden, um Distanz zum Problem aufbauen zu können. Nach einer angemessenen Auszeit sollte man sich Hilfe von außen holen, wo es geht: Man kann sich mit Kollegen austauschen, im Internet auf Seiten wie z.B. Stackoverflow.com einer breiten Masse das Problem schildern oder sich mit anderen Externen unterhalten, die eine gewisse Fachkenntnis haben. Meist hilft es schon, das Problem so zusammenzufassen, das andere es nachvollziehen können - dabei fallen einem Details auf, die man vorher gar nicht bemerkt hatte. Aber auch die Sichtweise von anderen, wie sie dieses Problem verstehen und angehen würden, kann einem neue Ideen für die weitere Fehlerbehebung geben. Und nach ein paar Tagen Abstand hat man auch wieder Motivation, weitere Lösungswege auszuprobieren.

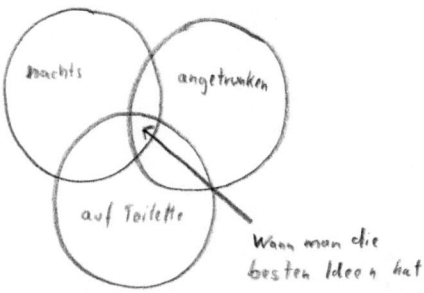

Rule 9: If you didn't fix it, it ain't fixed!

"If you didn't fix it, it ain't fixed!" - wenn du es nicht repariert hast, ist es nicht repariert. Die letzte Regel der 9 goldenen Debugging-Regeln stellt die Frage, ob man den Fehler wirklich gefunden und behoben hat. Taucht in einer komplexen Anwendung ein Fehler auf, der schwer zu finden war und noch schwerer zu fixen ist, erfordert es einiges an Aufwand und Zeit die Software zu reparieren. Die ersten acht der 9 goldenen Debugging-Regeln zeigen auf, wie man sich dem Fehler systematisch nähern kann. Es liegt aber in der Verantwortung des Entwicklers, schließlich einen klugen Bugfix zu implementieren. Hier offenbart sich die letzte Gefahrenquelle des Debuggings: Das Beenden der Fehlersuche (und ggf. das Bereitstellen einer neuen Version oder Patches für die Anwendung), bei der man sich nicht gründlich vergewissert hat, dass der eigentliche Fehler auch *wirklich* gefixt wurde.

Man neigt als Entwickler dazu, einen gefundenen Fehler möglichst schnell und möglichst einfach zu beheben. Dazu wird schnell ein Fix implementiert, von dem man überzeugt ist, dass dieser die ultimative Lösung darstellt. Es werden ein paar einfache Tests durchgeführt, die diese Überzeugung bestätigen - der implementierte Fix scheint zu funktionieren und alles ist gut. Dabei wird meist darauf verzichtet, die Anwendung nochmals so ausgiebig zu testen wie man sie eigentlich testen sollte. Eine neue Version wird bereitgestellt und man wendet sich neuen Aufgaben zu in dem guten Glauben, das Problem gelöst zu haben.

Meist dauert es dann nicht lange, bis die gleiche Fehlermeldung wiedererscheint. Oder schlimmer: ein neuer Fehler taucht auf, der mit der gleichen Fehlerursache zusammenhängt. Der Grund dafür ist, dass der implementierte Fix den Fehler nicht *wirklich* behoben hat. Er hat die Anwendung so verhalten lassen, dass sie auf den ersten Blick (und wahrscheinlich auch auf den zweiten) wirkt als wäre der Fehler behoben, und auch einfache Tests konnten erfolgreich durchlaufen. Bei genauerer Analyse wird man dann aber feststellen, dass der Bugfix zwar die Auswirkungen des Fehlers behoben hat, aber nicht den eigentlichen Fehler selbst. Um sicher zu gehen, ob der implementierte Fix auch wirklich den Fehler behebt, muss man die Anwendung umfangreich und ausgiebig testen. Erst dann kann man sich sicher sein, dass der Fehler wirklich behoben wurde. Denn: "If you didn't fix it, it ain't fixed!"

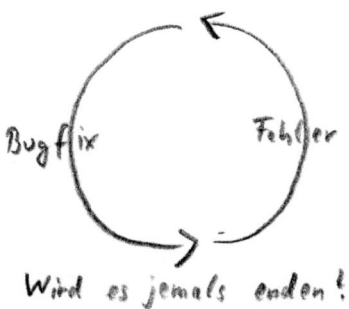

Wird es jemals enden!

Berechtigungen

Kommt man in die Verlegenheit, für seine Anwendung ein Berechtigungskonzept zu benötigen, an dieser Stelle ein Vorschlag:

Berechtigungen sollten möglichst auf Basis von Gruppen und Rollen vergeben werden. Dies sieht in der Praxis so aus: Es gibt User, die sich gegen ein System authentifizieren. Das System muss nun entscheiden, welche Berechtigung dem User zugeordnet werden kann. Diese Berechtigung entscheidet, was der User sehen, ausführen oder verändern darf.

Zunächst wird das System die Gruppenzugehörigkeit des Users herausfinden. Diese ist entweder im System selbst oder in anderen Diensten (z.B. einem LDAP-Verzeichnis) definiert. Einem User können nun eine oder mehrere Gruppen zugeordnet werden. Jegliche weitere Entscheidung, welche Berechtigung ein User im System erhält, wird ausschließlich auf Basis dieser Gruppenzugehörigkeiten getroffen.

Das System überprüft jetzt die in ihm hinterlegten Rollen. Dabei sind jeder Rolle eine oder mehrere Gruppen zugeordnet. Es sucht alle Rollen heraus, die eine Zuordnung zu nun bekannten Gruppen des Users enthalten. Damit kennt das System alle für den User relevanten Rollen. Anschließend wird für jede Rolle die hinterlegte Berechtigung geprüft. Dabei werden immer die weitreichendsten Privilegien unterstellt. D.h.: Gibt es eine Berechtigung die umfassender ist als alle anderen Berechtigungen, wird die umfassendere genommen. Die umfassendsten Berechtigungen aus allen Rollen ergibt eine Liste mit den Berechtigungen, die dem User gewährt werden können.

Dieses Konzept ist nur ein Vorschlag - natürlich sind auch einfachere und komplexere Berechtigungskonzepte denkbar.

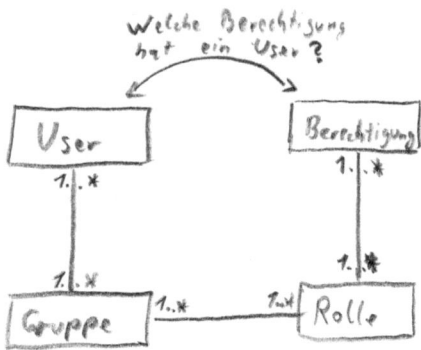

Kaizen – Veränderung zum Besseren

Kaizen kommt aus dem Japanischen und steht für "Verbesserung" oder "Veränderung zum Besseren". Sie ist eine japanische Lebens- und Arbeitsphilosophie, die das ständige Streben nach Verbesserung beinhaltet. In der Wirtschaft wurde dieses Konzept von dem Japaner Taiichi Ono beim Entwerfen der Produktionssysteme für Toyota geprägt. Damit eng verbunden sind die 5 "S", das sind 5 japanische Begriffe, die jeweils 5 Grundpfeiler zur Optimierung des Arbeitsplatzes beschreiben. Im Folgenden werden diese 5 "S" vorgestellt und kurz erläutert, wie man sie in der Softwareentwicklung anwenden kann.

- Seiri (Sortierung). Man muss in der Lage sein, jederzeit alles finden zu können. In der Softwareentwicklung hilft es, Dinge richtig zu benennen und ordentlich zu strukturieren.

- Seiton (Systematik). Alles gehört an seinen Platz. Code sollte auch da zu finden sein, wo man ihn erwartet, und nicht woanders. Ist er woanders, muss man dies ändern.

- Seiso (Sauberkeit). Der Arbeitsplatz muss aufgeräumt sein. Bei der Softwareentwicklung heißt dies, dass nur der benötigte Code auch zu finden ist. Auskommentierter Code, Kommentare ohne nennenswerten oder veralteten Informationsgehalt, verwaister Code etc. gehören nicht dazu. Ihn muss man löschen, damit man den Kopf frei kriegt und sich auf das Wesentliche konzentrieren kann.

- Seiketso (Standardisierung). Das Team bestimmt, wie der Arbeitsplatz frei zu halten ist. Absprachen, Konventionen und Codingstandards kommen hier zum Einsatz.

- Shutsuke (Selbstdisziplin). Jeder muss die Disziplin haben, sich an die Absprachen und Konventionen zu halten und dabei auch die eigene Arbeit zu reflektieren.

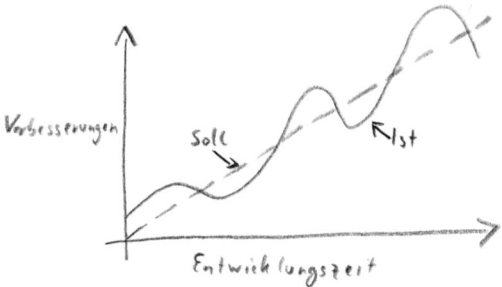

Nebenläufigkeit

Nebenläufigkeit (*Concurrency*) ist die parallele Abarbeitung von Anweisungen innerhalb eines Systems. Nebenläufigkeit wird immer dann benötigt, wenn Teile des Systems gleichzeitig ausgeführt werden um z.B. die Ausführungszeit zu verkürzen, die vorhandenen Ressourcen besser zu nutzen oder um Mehrbenutzerfähigkeit zu ermöglichen.

Es gibt häufig gute Gründe, warum Teile einer Anwendung oder eines Systems parallel laufen. In der Praxis ist es meist so, dass eine Anwendung zunächst ausschließlich mit sequentiellen Abläufen erstellt wird, man aber später aus verschiedenen Gründen bestimmte Teile auf eine parallele Abarbeitung umstellt.

Leider gibt es bei dieser Vorgehensweise ein Problem: Fehlerfreie und "sauber" programmierte Nebenläufigkeit ist wesentlich schwerer zu entwickeln als sequentiell ablaufender Code. Der Grund dafür ist, dass es bei zwei oder mehr parallel laufenden Teilen einer Anwendung - sogenannte Threads - immer Abhängigkeiten zwischen diesen geben muss. Sobald aber gemeinsame Ressourcen genutzt werden - egal ob Dateien, Variablen, Methoden oder sonstige Speicherbereiche - kann es zu Konflikten beim Zugriff kommen. Dieses Problem, das bei einer sequentiellen Programmierung nie auftreten kann, stellt bei der parallelen Programmierung die häufigste Fehlerquelle dar. Verstärkt wird dieses Problem dadurch, dass paralleler Code wesentlich schwieriger zu entwickeln und zu debuggen ist. Man muss bei der Programmierung beachten, dass jeder parallel laufende Thread jederzeit aktiv werden kann um evtl. auf gemeinsame Ressourcen zuzugreifen. Dabei übersieht man schnell mögliche Fehlerquellen. Solche Threadwechsel sind nicht vorhersehbar oder steuerbar - die Verantwortung dafür unterliegt dem Betriebssystem. Dadurch können sich Fehler im Programm verstecken, die beim normalen Entwickeln und Testen selten oder nie auftreten, die aber später im produktiven Einsatz zu unerwarteten Problemen führen können.

Trotzdem wird sich häufig für die Umstellung von sequentieller Abarbeitung auf eine parallele entschieden. Der Grund dafür ist, dass es ein paar "Vorurteile" über nebenläufige Programmierung gibt:

- Nebenläufigkeit verbessert immer die Laufzeit
- Die Architektur muss nicht verändert werden, wenn man parallele Abarbeitung einführt
- Man braucht kein großes Wissen über parallele Programmierung - die Programmiersprache oder die Entwicklungsumgebung wird sich schon um mögliche Probleme "kümmern"

Dies entspricht aber nicht der Wirklichkeit. Folgende Aussagen treffen eher zu:

- Die Laufzeit verbessert sich nur manchmal - meist liegen die "Bottlenecks" (Flaschenhälse) woanders
- Nebenläufigkeit fordert meist eine grundlegende Umstellung der bestehenden Architektur.
- Die Einarbeitung in die parallele Programmierung erfordert immer einen gewissen Aufwand (insbesondere für das Verwalten von gemeinsamen Ressourcen)
- Nebenläufigkeit erzeugt zusätzlichen Code und Verwaltungsaufwand
- Richtige Nebenläufigkeit erhöht die Komplexität schon bei einfachen Problemstellungen enorm

- Fehler bei Nebenläufigkeit sind nicht einfach nachzustellen, so dass sie meist als "Einmal"-Probleme wahrgenommen werden, denen man nicht nachgehen kann

Ist man sich dieser Umstände bewusst, kann man leicht erkennen, dass gute parallele Programmierung nicht "mal eben so" implementiert wird. Wird die gleichzeitige Ausführung von bestimmten Programmteilen benötigt, so muss dies gut geplant sein, Zeit und Aufwand in die korrekte Implementierung gesteckt werden und ggf. die Architektur des gesamten Systems angepasst werden. Nebenläufigkeit ist nur dann sinnvoll, wenn die Anforderungen diesen hohen Aufwand auch rechtfertigen. Ansonsten ist immer eine sequentielle Lösung zu bevorzugen.

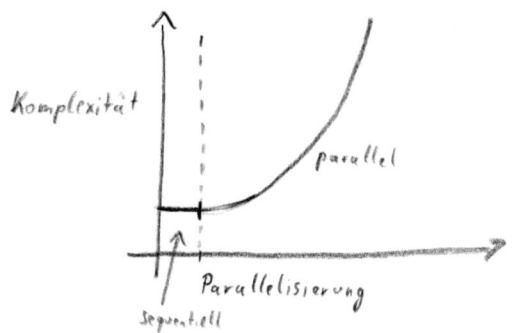

Macht's gut, und danke für den Fisch

Nach zweiundvierzig Einträgen zum Thema Softwareentwicklung möchte ich noch eine Frage aufwerfen: Was treibt uns an, Software zu entwickeln? Manche entwickeln Software, weil es ihnen Spaß macht. Manche entwickeln, weil sie dafür gut bezahlt werden. Andere sehen es als Mittel zum Zweck um Computer und Maschinen zu bestimmten Arbeiten zu bewegen. Die Gründe, warum man Software entwickelt, sind sehr zahlreich. Das Ziel ist aber für alle gleich: eine solide Software, die die an sie gestellten Anforderungen möglichst gut erfüllt. Und dies möglichst lange und ohne Fehler. In den vorherigen Abschnitten konnte ich hoffentlich ein paar Anregungen geben, wie man dieses Ziel erreichen kann.

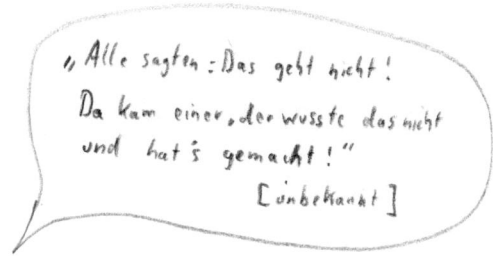

„Alle sagten: Das geht nicht!
Da kam einer, der wusste das nicht
und hat's gemacht!"
[unbekannt]

Über den Autor

Andreas Lennartz wurde 1980 geboren und schrieb mit 15 Jahren seine ersten Programme in Basic. Seitdem war seine Leidenschaft für Computer geweckt.

Schon in frühen Jahren programmierte er mit einem Schulfreund zusammen eine Literatur-Webseite mit dem klangvollen Namen Leselupe.de. Dort lernte er, dass das geschriebene Wort auch in die Welt der Bits & Bytes gebracht werden kann.

In seinen Informatik-Studien, in denen er die akademischen Titel „Master of Science" und „Diplom-Informatiker" erwarb, begeisterte er sich dann vor allem für die Programmierung. Somit machte er sein Hobby zum Beruf und startete seine Karriere als Softwareentwickler.

Inzwischen ist er seit über 10 Jahren ein erfolgreicher „IT Professional". Auf seiner Webseite www.andreaslennartz.de kann man sich über aktuelle Arbeiten und Projekte von ihm informieren.